KB167275

성공학의 역사

차례
Contents

성공학의 정의

  성공학이란 단어는 우리에게 대단히 낯선 단어였다. 적어도 IMF 이전의 한국사회에서는 그랬다. 성공은 소수의 마키아벨리들만이 쟁취하는 부도덕하고 비열한 행위의 결과물이었다. 절대 다수의 보통사람들은 성실히 하루하루를 생활해 나가고 시간이 지나면 주어지는 결과물－승진 혹은 호봉인상－에 만족하면 그만이었다. 그런데 세기말에 이르러 엄청난 변화가 밀어닥쳤다. 성실한 보통사람으로 자부하던 많은 시민들이 하루아침에 거리로 내몰리게 되었고 그 이전까지 세계를 지배하던 패러다임이 뒤바뀌게 되었다. 이른바 한강의 기적을 창조했던 '유교적 자본주의'는 그 한계에 이르러 어제의 자식들과 충신들에게 홀로 설 것을 강요하게 된 것이다.

다행히 경영학의 구루(guru) 피터 드러커(Peter Drucker)를 경탄케 했던 대한민국의 지식근로자들은 발 빠르게 변화에 적응해 나갔다. 경제신문의 발행 부수가 가파르게 증가하기 시작했고 출판시장에서도 재테크, 자기계발 서적이 붐을 이루었다. 바야흐로 어제의 보통사람들이 내일의 '부자 아빠'를 꿈꾸는 시대가 도래하게 된 것이다.

세기의 전환점에 이르러 IMF라는 이름으로 우리에게 밀어닥친 사회적 충격은 많은 이들에게 자신의 삶과 인생의 목적 등 그 이전까지 자문할 필요가 없었던 문제들에 대해 다시금 생각할 기회를 제공했다. 많은 보통명사들이 새로운 의미로 재정의되기 시작했는데 '성공'이란 단어도 그 중 하나이다. 오늘날 대형서점의 주요부분을 차지하고 있는 성공학 관련서적은 이렇게 쉽지 않은 경로를 통해 우리에게 다가온 것이다.

성공학이란 무엇인가

성공학이란 상아탑 내에서 전수되는 강단학문을 일컫는 것은 아니다. 그것은 하나의 독립된 학문영역이 아니라 더 잘 살고 싶은 인간의 욕구가 사회적 요구로서 작용하여 도출된 결과물이다. 오늘날 한국사회에서는 자기계발과 비슷한 의미로 이해되기도 하지만 엄격한 의미에서 그 둘 사이의 구분은 반드시 필요하다. 더불어서 성공학이란 단어 범주의 설정부터 새롭게 이루어져야 한다.

성공학의 어원은 아마도 미국의 저명한 동기부여가 나폴레온 힐(Napoleon Hill)에서부터 찾아야 되지 않을까 싶다. 그는 자신의 프로그램을 가리켜 '성공의 과학(Science of Success)'이라고 불렀다. 과학은 늘 일정한 법칙에 따라 동일한 결과를 보여주는 학문이다. 그의 가르침을 그대로 실천하면 누구라도 성공할 수 있다는 의미에서 그러한 명칭을 사용했다. 나폴레온 힐은 자신의 인생을 성공의 원칙을 찾는 데 바쳤다. 그가 체계화시킨 프로그램은 비영리재단인 '나폴레온 힐 재단'을 통해 오늘날까지 성공을 꿈꾸는 많은 이들에게 영향을 끼치고 있는데 특히 일본에서 대단한 반응을 얻고 있다. 추측건대 나폴레온 힐의 '성공의 과학'이 일본을 통해 국내로 들어온 것이 오늘날 '성공학'의 어원이 아닐까 싶다.

왜 현대인들에게 이런 성공을 가르치는 시스템이 필요하게 된 걸까? 오늘날 과학적 이론으로 새롭게 조명되고 있는 부분이지만 모든 생명체는 보다 나은 자기 발전적 삶을 지향한다. 이것은 갓 태어난 짐승의 경우는 물론이고 아스팔트에서 솟아나는 잔디 한 포기에서도 발견되는 지극히 자연스러운 생명의 본질이다. 하물며 신의 가장 사랑스러운 피조물이자 만물의 영장으로 자부하는 인간의 경우에 있어서는 말할 필요도 없다.

그러나 불행히도 인간은 종교 혹은 도덕과 같이 스스로의 발목을 옥죄는 것들을 세상에 내놓았다. 유사 이래로 동서양의 많은 종교와 도덕, 철학 등은 물질적 풍요와 사회적 지위상승이 가져오는 반대급부에 대한 경고를 아끼지 않았다. 그것은 그 나름대로의 순기능이 있었고 내세에서의 보상까지 약속했지만 육체적 존재로서의 인간과는 많은 격차가 있었다. 설령 낙타가 바늘귀를 통과하는 것만큼 어려운 길이라도 육체적 인간에게는 그 길을 포기할 수 없는 본능이 존재했던 것이다. 이러한 상황에서 인간은 사회적 금기와 충돌하지 않으면서도 잘 살 수 있는 방법이 필요했다. 그 고민의 결과 등장한 것이 바로 오늘날의 성공학인 것이다.

성공학의 범주

이미 동서양의 많은 종교는 성공에 대한 확고한 지침을 가지고 있었다. 그들은 일반적으로 내세에서의 성공을 목표로 현세에서의 삶을 희생할 것을 가르쳐왔다. 소수의 사람들은 그러한 가르침을 체화했고 종교적 신념을 위해 자신의 목숨을 바치기도 했다. 그들은 분명 종교적 의미에서는 성공한 인물들이다. 그러면 과연 그러한 종교를 가리켜서도 성공학이라 부를 수 있을까? 오늘날 이슬람의 열혈 젊은이가 자신의 종교적 신념에 따라 폭탄을 안고 미 대사관에 뛰어든다면 과연 그를 보편적인 의미에서 성공한 사람이라 부를 수 있을까?

현대 서구에서 각광받는 심신수련법들은 일반적으로 동양에 그 기원을 두고 있다. 인도와 중국에서 주로 발달된 심신수련법들은 현대 정보화 사회의 지식근로자들에게 자기경쟁력을 강화하는 방편으로 많이 활용되고 있다. 그런데 이런 수련법의 개발자들은 주로 현세의 삶으로부터 멀어져서 은둔의 삶을 사는 경우가 많았다. 그들은 삶을 수없이 반복되는 환생의 한 과정 정도로 보았고 윤회의 고리와 번뇌를 끊기 위한 깨달음을 얻는 데 자신의 육체적 삶을 바쳤다. 과연 이들 깨달은 은자들의 삶을 보편적 의미에서 성공했다고 부를 수 있을까? 그리고 부분적으로 일상생활의 경쟁력을 강화시키고 건강증진에 도움을 주는 시스템을 성공학이라고 부를 수 있을까?

창조적 업적을 남긴 천재들 가운데는 세상과의 의사소통 실패로 불행한 삶을 산 인물들이 많다. 그들은 시대를 앞서갔으나 우매한 당대의 민중들로부터 냉담한 반응을 얻었고 숱한 불면의 밤들을 고독 속에서 지새워야 했다. 그러면 위대한 업적을 남기고 역사에 기록되는 영광을 누렸으나 당대의 삶은 불행했던 예술가를 보편적 의미에서 성공한 인물이라고 말할 수 있을까?

우리는 성공의 의미를 다시 생각해 보아야 한다. 그리고 사전적 의미에서의 성공과는 달리 성공학에서의 성공은 어떤 의미를 지니고 있는지도 되새겨 보아야 할 필요가 있다.

성공학은 종교와 구분되어야 한다. 그것은 필연적으로 내세중심이 아닌 현세중심의 것이어야 한다. 그리고 부분적으로 삶의 질을 향상시키기 위한 방편일 뿐인 자기계발과도 구분되어야 한다. 자기계발이 노하우(Know How)만을 가르친다면 성공학은 노왓(Know What)부터 제시할 수 있어야 할 것이다. 성공학의 목적은 현실세계에서의 행복과 안락한 삶이며 그 안에서만 존재의 의미를 가질 수 있는 것이다.

성공의 조건

인간의 역사에서 성공이란 단어가 언제부터 사용되었는지는 아무도 모른다. 그러나 한 개인에게 있어 인생의 성공이 자신의 선택과 노력에 의한 것이란 개념이 자리잡기 시작한 것은 최근의 일이다. 아직도 지역에 따라 종교적 권위로부터 자유롭지 못하거나 정치적 억압에 의해 자유시민의 권리를 누리지 못하는 곳도 있다. 성공학이란 분야가 서구에서 먼저 발달하게 된 것은 결국 그러한 조건을 일찍이 충족시켰던 역사에서 그 이유를 찾을 수 있을 것이다.

성공이란 개념이 수많은 사람들에게 일괄적으로 적용되기는 힘들다. 성공이란 기본적으로 목표달성의 과정이므로 인간에게 있어 성공은 다원적인 모습을 가지게 될 것이다. 그러나 성공을 쟁취하기 위해선 반드시 두 가지 조건이 충족되어야 한다.

하나는 자유의지에의 확신이다. 인간의 행동은 신념체계의 영향을 받는다. 인간의 신념은 역사발전에 따라 다양한 형태로 나타나는데 주로 종교나 점성술과 같은 형태로 나타나게 된다. 이런 방식의 도구가 필요했던 것은 인간이 가지는 육체의 유한성 때문이었다. 인간은 필연적으로 죽음과 맞닥뜨려야 했고 미래에 대한 불안은 자신들의 신념체계를 다양하게 창조해냈다. 그러나 미래와 자신의 운명을 어떻게 바라보는가는 당연히 거기에 어떤 식으로 대처하는가를 결정하게 된다. 삶의 예정설을 신봉할 경우 인간은 미래에 대한 불안을 점성술사를 찾아가 극복하고자 할 것이다. 하지만 자신의 미래가 스스로의 의지에 의해 창조된다고 믿는 자라면 보다 능동적이고 적극적인 선택을 할 수 있다. 오늘날 자신의 경쟁력 강화를 위해 스스로에게 투자하는 이들은 모두 자유의지의 신봉자들이라 할 수 있다.

두 번째는 사회적 신분의 자유이다. 노예에게는 성공이란 개념이 있을 수 없다. 세종이란 CEO를 만나기 이전의 장영실에게서 성공을 기대할 순 없는 것이다. 과거 여성들에게는 남편의 성공이나 아들의 성공이 있었을 뿐 자신의 성공이란 존재하지 않았다. 성공은 스스로의 삶을 선택할 권리가 있는 자에게만 주어지는 권한이었다. 이런 의미에서 볼 때 인간역사에서 성공시대의 도래는 극히 최근의 일인 셈이다.

이처럼 성공은 진정한 자유인만이 누릴 수 있는 특권이다. 그러므로 성공학은 개인의 인생 전반에 대한 목표설정과 그를 달성할 수 있는 구체적 방법론의 제시는 물론 자신의 삶은 스스로의 선택에 의한 것이라는 책임감을 부여할 수 있어야 할 것이다.

종교개혁과 성공학의 시작

종교개혁과 프로테스탄트의 출현

종교개혁은 본질적으로 교회의 혁신운동이지만 당시 근대 국가의 성립이라는 정치적 변혁과 밀접한 함수관계에 있다. 로마 가톨릭은 아비뇽교황의 대립으로 생긴 분열 결과, 14세기경부터 쇠퇴하기 시작했다. 반면 프랑스, 영국 등 유럽 각국은 근대 국민국가의 길을 걷기 시작했는데 이는 중세 그리스도 교회에는 치명적으로 작용했다.

표면적으로 종교개혁은 독일의 신학교수 마르틴 루터로부터 시작된다. 중세 말기부터 가톨릭 교회는 성당건립과 포교를 목적으로 속죄증명서를 발부했다. 원래 면죄부는 교회에 특별한 공적이 있는 사람에게 그가 범한 죄에 대한 현세에서의 처벌을 면제해 준다는 의미의 증서였다. 그러나 십자군전쟁 이후부터는 교회의 궁핍한 재정을 해결하기 위한 수단으로 발행되었으며 그 폐해가 갈수록 심각해졌다. 루터는 1517년 성베드로 대성당 건설을 위해 발부된 면죄부에 대해 그 폐단을 지적하며 '95개 반박문'을 내걸고 대항하였다. 당시 루터가 내건 반박문은 라틴어에서 독일어로 번역되었고 때마침 발명된 활판 인쇄기술 덕분에 빠른 속도로 독일 전역에 퍼져나갔다.

이렇게 시작된 종교개혁 운동은 유럽 각지로 확대되어 갔고 스위스 취리히에서는 츠빙글리의 종교개혁이 진행되었다. 루터보다 더 철저한 성경주의를 내걸었던 그는 1531년 가톨릭 세력과 싸우다 전사하고 말았다. 츠빙글리의 뒤를 이어 프랑스 출신 칼뱅이 스위스의 종교개혁 운동에 앞장섰다. 이 무렵 칼뱅의 출현은 종교개혁 그 자체 못지않게 후대의 자본주의 정신과 더불어 성공학의 발전에 엄청난 영향을 끼친다.

칼뱅은 루터와 마찬가지로 복음주의를 주장하였다. 그러나 구원문제에 관해서 그는 독특한 예정설을 내놓게 된다. 인간이 구원받는 것은 신에 의해 예정된 일이며 인간은 자신의 구원에 대해 오로지 구원받았다고 믿는 것만이 가능하다고 주장하였다. 그리고 구원에 대한 확증은 각자가 사회생활에서 성공하는 것이라고 설파했다. 이러한 칼뱅의 주장은 당시의 신흥 시민계급의 생활이념과 일치하여 열렬한 호응을 얻게 된다.

이렇듯 칼뱅주의에 영향을 받은 프로테스탄트 각 교파는 주류종교로서는 처음으로 세속적인 삶과의 적절한 타협점을 찾게 된다. 이는 개인들에게 천국의 양식과 현세에서의 풍요로움을 동시에 추구할 수 있는 최초의 계기를 제공하게 되었음을 의미한다.

프로테스탄티즘과 성공학

독일의 사회학자 막스 베버는 20세기 초 「프로테스탄티즘 윤리와 자본주의 정신」이라는 논문을 내놓게 된다. 당초 자신이 편집을 맡고 있던 잡지에 발표했던 학위논문인 이 글은 당대에 맹렬한 논쟁을 불러일으켰다. 이 글에서 베버는 현대 자본주의 정신의 성립과 프로테스탄티즘 사이에는 통계적으로 상호관련성이 있음을 주장하였다. 그에 따르면 자본주의 정신은 종교개혁 이후 생겨난 프로테스탄티즘, 그 가운데서도 칼뱅주의자들의 예정설과 소명의식에 그 뿌리를 두고 있는 셈이다.

예정설의 신봉자들은 심리적 불안감을 극복하기 위해 세속적인 소명의식을 통해 이윤을 창출하였고 이를 뒷받침하는 금욕주의적 윤리는 검약의 실천을 통해 자본을 빠른 속도로 축적시킬 수 있었다. 이러한 교리를 충족시키기 위해서 프로테스탄트 교회에는 그 이전의 로마 가톨릭과는 현저히 구분되는 역할이 사회적으로 주어지게 되었다. 가톨릭 교회가 천국에서의 양식을 쌓을 것만을 가르친 데 비해 프로테스탄트 교회는 신도들로 하여금 하늘의 축복을 받았다는 확신을 주기 위해 현세에서의 성공적인 삶을 살 수 있는 구체적 방법론을 제시 해야 했던 것이다. 초기에 칼뱅은 근면, 금욕, 절약을 통해 이를 확인할 수 있다고 설교했지만 서구사회는 종교가 지배하는 사회에서 근대국가로 발전해 나갔고 자본주의는 급속도로 성장했다. 목사들에게는 사회적 변화 속에서 더욱 구체적인 성공의 이론을 제시할 의무가 주어지게 되었으며 종교개혁의 결과로 탄생한 다양한 프로테스탄트 교파 간의 전도 경쟁은 그들을 더욱 자극하는 요소가 되었다. 더욱이 지리상의 발견 이후 전세계가 기독교의 전도지역으로 확대되면서 제3세계의 주민들을 기독교로 개종시키기 위한 세련된 전도방법이 요구되었고 이는 리더십 프로그램에 대한 연구로 이어졌다. 이러한 일련의 과정들을 통해 성공학은 프로테스탄트 교회를 뿌리로 하여 자라기 시작한다.

이렇게 구대륙에서 뿌려진 성공학의 씨앗은 아메리카라는 신천지를 통해 거대한 열매를 맺게 된다.

아메리칸 드림

오늘날 자본주의의 패자로 떠오른 미합중국은 종교적 자유를 찾아 고향을 떠난 이민자들에 의해 그 역사를 시작하게 된다. 필시 미약했을 그들의 출발은 훗날 인류에게 거대한 진보로 받아들여진다. 그들을 태웠던 메이플라워호는 인류를 구원할 노아의 방주였으며 아메리카는 전세계인들의 희망의 땅이되었다. 금욕적 윤리로 충만했던 그들에게 광활한 대지는 풍요로 보답했고 이는 곧 근대적 자본주의의 시대를 열게 하였다. 바야흐로 종교개혁으로 싹을 틔운 성공학이 이제 신대륙에서 새로운 뿌리를 내리게 된 것이다.

벤자민 프랭클린(Benjamin Franklin)

벤자민 프랭클린은 현대적인 의미에서 '성공'적인 삶을 산

최초의 인물이다. 그는 오늘날 황금의 대명사인 미국 100달러 지폐 속 초상화의 주인공으로서 사람이 단 한 번의 인생에서 얼마나 많은 것을 경험할 수 있고 이룰 수 있는지를 증명해 보였다.

형의 밑에서 인쇄 견습공으로 청소년기를 보내던 그는 성정이 거친 형과의 다툼으로 17세에 집을 떠나 인쇄업에 투신, 경영을 시작한다. 42세에 경제적으로 은퇴한 후 나머지 42년 간 믿을 수 없이 많은 업적을 남겼다. 인쇄기술자이자 작가, 18개 공장의 경영자, 미국 최초의 우체국장, 피뢰침의 발명으로 근대 기상학의 아버지라 불렸으며 공공도서관의 발안자이자 정치가이며 철학자로서의 삶을 살았다. 그가 이룩한 다양한 분야에서의 성공은 후대의 수많은 성공학 연구가들에게 영향을 주었을 뿐 아니라 그의 삶 자체가 성공인의 모델이 되었다. 그러나 이러한 벤자민 프랭클린도 처음부터 타고난 성공인의 면모를 보인 것은 아니었다.

젊은 시절 벤자민 프랭클린은 논쟁을 즐길 정도로 지적 교만에 가득 찬 인물이었다. 하지만 그를 통해선 얻는 것보다 잃는 것이 더 많다는 사실을 깨닫고 차츰 자신의 언어습관을 교정해 나갔다. 경직된 표현을 사용하거나 다른 사람을 바꾸려는 시도를 하지 않고 겸손한 표현에 익숙해지는 방향으로 언어습관을 고쳐나갔던 것이다. 그의 이러한 면모는 데일 카네기의 주목을 받게 되었다. 데일 카네기의 『카네기 인간관계론』에는 전편에 걸쳐 벤자민 프랭클린 식의 처세가 밑바탕을 이루고 있다.

또한 프랭클린은 일생을 통해 작은 수첩을 활용한, 철저한 시간관리의 모범으로도 유명하다. 당시 그가 사용했던 수첩이 오늘날 프랭클린 플래너의 모태가 됨은 물론이다. 그는 조그만 수첩에 각 페이지마다 가로로 요일별 7칸을 그리고 세로로 13항목을 나타내는 13칸을 그려 각 항목에 해당하는 잘못이 있을 때마다 점을 그려 넣는 식으로 자신을 향상시켜 나갔다. 또 하루 24시간의 계획을 철저히 세우고 빈틈없이 체크해 나갔는데 이러한 그가 시간활용을 위한 서머타임의 발안자라는 것이 이상할 리 없다.

하지만 그가 단순히 학자나 발명가로 그쳤다면 100달러짜리 지폐에 자신의 초상화를 남기는 영광을 차지하진 못했을 것이다. 그는 자신이 소유했던 많은 사업체를 성공적으로 경영한 백만장자였고 부의 축적에 관해서도 후대에 많은 영감을 남겼다. '저축통장의 수호신'이란 조롱을 들을 정도로 청교도 정신에 충만한 '근면과 절약'의 대변자였지만 의외로 복리에 대한 명언을 남기기도 했다.

그가 평생을 실천하기 위해 노력했던 13개의 덕목은 금욕적 청교도 정신과 근대적 자본주의 정신의 적절한 조화를 보여주는 가장 좋은 예이다.

1. 절제 – 배부르도록 먹지 말라. 취하도록 마시지 말라.
2. 침묵 – 자신이나 남에게 유익하지 않은 말은 하지 말

라. 쓸데없는 말은 피하라.

3. 질서 – 모든 물건을 제자리에 정돈하라. 모든 일은 시간을 정해 놓고 하라.

4. 결단 – 해야 할 일은 하기로 결심하라. 결심한 것은 꼭 이행하라.

5. 검약 – 자신과 다른 이들에게 유익한 일 외에는 돈을 쓰지 말라.

6. 근면 – 시간을 허비하지 말라. 언제나 유용한 일을 하라. 안 해도 될 행동은 끊어버려라.

7. 진실함 – 남을 일부러 속이려 하지 말라. 순수하고 정당하게 생각하라. 말과 행동이 일치하게 하라.

8. 정의 – 남에게 피해를 주거나 응당 돌아갈 이익을 주지 않거나 하지 말라.

9. 온건함 – 극단을 피하라. 상대방이 나쁘다고 생각되더라도 홧김에 상처를 주는 일을 삼가라.

10. 청결함 – 몸과 의복, 습관상의 모든 것을 불결하게 하지 말라.

11. 침착함 – 사소한 일, 일상적인 일이나 불가피한 일에 흔들리지 말라.

12. 순결 – 건강이나 자손 때문이 아니라면 성관계를 피하라. 감각이 둔해지거나 몸이 약해지거나, 자신과 다른 이의 평화와 평판에 해가 될 정도까지 하지 말라.

13. 겸손함 – 예수와 소크라테스를 본받으라.

랄프 왈도 에머슨(Ralph Waldo Emerson)

랄프 왈도 에머슨은 벤자민 프랭클린과 더불어 후대 성공학 연구가들의 저서에 가장 많이 언급되는 인물이다. 미국의 개척시대에 미국민들의 자조전통에 부응할 만한 독립적이고 힘찬 음성의 글을 남겼다.

그는 딱히 하나의 수식어로 설명하기 힘든 삶을 살았다. 7대에 걸쳐 성직을 이어온 목사 집안에서 태어나 엄격한 도덕률과 이상, 신앙에의 열정이 충만한 분위기에서 자랐다. 그러나 그는 정통 기독교 교리에 집착하지 않고 형식을 초월한 내재적 자율성과 인간 영혼의 근원적 아름다움과 힘을 강조하였다. 젊은 목사의 자유스러우면서도 열정과 신념에 가득 찬 목소리는 당시의 인습화된 교인들에겐 낯선 두려움이었다. 이에 그는 미련 없이 목사직을 사퇴하였다. 그 후 유럽으로 건너간 그는 W. 워즈워스, D.H. 콜리지, T. 칼라일 등 그곳의 지성과 깊은 교우관계를 맺게 되고 자신의 사상을 한층 더 깊게 하는 계기를 마련하게 되었다. 귀국 후 그는 강연자로서의 삶을 시작하는데, 위인론·영국문학·역사·철학 등의 강연으로 명성을 얻었다.

그러나 그가 미국인들에게 남긴 가장 큰 선물은 1837년 그가 35세 되던 해 하버드 대학에서 강연한 '아메리카의 학자'였다. 이 연설은 미국이 영국으로부터 정치적 독립을 한 이후 정신적 독립을 이룩한 '지적 독립 선언문'이라 평가된다. 그

후에도 강연가로서, 시인으로서의 생활을 계속했는데 그의 주장은 보수적 기독교인들의 강한 반발을 불러일으키곤 했다. 하지만 그는 찬성에도 반대에도 귀 기울이지 않고, 소신 있는 목소리로 계속 영혼의 위대성과 지성의 독립을 외쳤다.

1882년 80세를 일기로 생을 마감할 때까지 평생을 써내려간 일기와 더불어 많은 저작들을 남겼는데, 역사가 일천한 미국사회에 그의 글들은 소중한 선조의 교훈으로 남아 있다. 비록 그를 성공학의 토대를 닦은 인물로 보기는 어려우나 정통 기독교 정신에 안주하지 않았던 그의 확신에 찬 음성은 성공학의 고전 속에 고스란히 녹아 있음을 발견할 수 있다.

청교도 목사들

오늘날 성공학의 고전이라 불릴 만한 책들 중 상당수가 미국 청교도 목사들에 의해 집필된 데는 몇 가지 이유가 있다. 우선 동서양을 막론하고 과거 문맹률이 높았던 시절 성직자들은 대표적인 지식인이었다. 그들이 사회의 존경을 받고 영향력을 발휘하는 것은 당연한 일이었다. 종교의 자유를 찾아 신대륙으로 떠난 청교도인에게도 그것은 마찬가지였다. 특히 예정설을 내세운 칼뱅으로부터 영향을 받은 교파들은 신도들의 불안을 덜어줄 필요를 느꼈다. 목사들은 부를 축적하고 성공적인 삶을 살 수 있는 방법을 체계적으로 제시해야만 했던 것이다.

또 한 가지 이유는 종교성 자체에서 찾을 수 있다. 기도는 그 자체로서 하나의 훌륭한 자기암시 기법이다. 이미 부의 축적 자체는 프로테스탄트의 성립과 함께 면죄부를 받았으므로 그들이 날마다 성실히 하는 기도는 곧 부에 대한 강한 신념으로 작용할 수 있었던 것이다. 그 결과 에밀 쿠에의 자기암시 요법이나 프로이드의 잠재의식 이론이 성립되는 것과는 상관 없이 그들은 인간의 내면과 외면을 통합하여 목표를 향해 나가는 시스템을 만들 수 있었다.

오늘날 성공학의 고전이라 할 만한 책의 집필자 중 기억해야 할 목사들은 다음과 같다.

노만 빈센트 필(Norman Vincent Peale)

세계적으로 1,600만 부 이상 발행되는 『Guide Posts』지의 창간인이다. 그의 대표적 저서 『적극적 사고방식 The Power of Positive Thinking』은 42개 언어로 번역되어 약 2천2백만 부 이상 판매된 성공학의 고전이다. 1993년 눈을 감을 때까지 종교를 초월하여 많은 이들에게 성공적 삶의 방식과 비전을 제시하였다. 그러나 그의 초종파적인 행동은 오히려 의구심의 대상이 되기도 했다. 기독교계에 침투한 프리메이슨의 상위 회원이라는 소문이 그것이다. 그는 말년까지 왕성한 집필 활동을 해 약 45권의 저서를 남겼다.

조셉 머피(Joseph Murphy)

그는 종교인이기 전에 신학, 법학, 철학, 약리학, 화학 등 다

방면의 학위를 가진 지식인이었다. 그러나 그가 남긴 저서를 보면 종교인이 아니고서는 설명할 수 없는 신비한 체험도 종종 등장한다. 당시의 많은 과학적 지식을 통해 합리적으로 설명하려 하지만 결국 종교인의 틀을 벗어나지는 못했다. 그는 기도를 정신요법의 한 방편으로 훌륭히 사용한 예에 속한다.

로버트 슐러(Robert H. Schuller)

전체적으로 노만 빈센트 필의 복사판이라 할 만하다. 실제로 노만 빈센트 필과도 깊은 교류가 있었으며 프리메이슨 회원이라는 소문에 시달린 것 까지도 빼닮았다. 대표작으로는 『불가능은 없다 *Move Ahead with Possibility Thinking*』가 있다.

존 맥스웰(John Maxwell)

현재 가장 왕성한 활동을 펼치고 있는 현직 목사다. 리더십 훈련기관인 'Injoy Group'의 설립자로 라디오를 통한 강연을 진행하기도 했다. 앞선 세대의 목사들이 당대의 첨단 이론과 학문에 정통했듯이 존 맥스웰 역시 현재의 경영이론 등에 밝은 모습을 보여준다. 국내에도 그의 저서가 상당부분 번역되어 있다.

자본주의의 성장과 변모

    성공학은 종교나 경직된 이념이 지배하는 사회에서 발전하는 것이 애시 당초 불가능하다. 보다 뛰어난 업적, 보다 많은 물질적 풍요 등 좀더 잘 살아보겠다는 욕망에서 출발하는 성공학은 당연히 자본주의와 그 뿌리를 같이한다. 이러한 성공학이 자본주의의 변모에 따라 다양하게 변천해왔음은 물론이다. 많은 인간의 발명품이 사회적 요구에 따라 개발되었듯이 성공학 또한 사회적 요구에 의한 산물로 시대가 요구하는 바에 따라 변화하고 적응해왔다. 자본주의가 급격히 발달하면서 인간다움을 잃어갈 때 성공학도 변질된 형태로 등장하게 되었다. 초창기 종교적 신념을 바탕으로 개인의 인생을 지도하던 성공학은 대기업의 등장과 함께 차츰 기업 중심의 프로그램들을 양산해내기 시작했고 부분적이고 잔재주 위주의 자기계발만이 강조되어 갔다. 또 자본주의의 발전은 필연적으로 배금주의를 확산시켜 나갔는데 성공학도 이에 부응하듯 '부자학'이라 부를 만한 영역을 탄생시키게 된다.

세일즈맨의 탄생

자본주의의 발전은 직업세계에도 많은 변화를 가져왔다. 많은 성인남자들이 농토를 떠나 공장으로 향하기 시작했고 예전에는 없었던 새로운 직업들이 출현하게 되었다. 보다 높은 생산성의 추구는 업무에 있어서 분업을 가속화시켰는데 이 와중에 판매만을 전문으로 하는 세일즈 조직이 등장하게 된다.

미국의 경우 18세기 서부개척시대까지는 행상인들이 광활한 지역을 돌아다니면서 물물교환 방식으로 거래를 했다. 이들은 이동통신수단이 발달하지 못했던 당시 곳곳의 소식을 전하는 메신저로서의 역할도 수행하였다. 그 후 1840년대에 이르러 철도가 생기고 통신매체가 발달하면서 지역중심의 도소매판매와 일반상점이 생겨나 매매방식에도 변화가 일어났다. 그러나 많은 제조업자들의 영세성 때문에 공급 채널의 한계를 느끼고 직접판매인들을 대상으로 판매망을 구축하게 된다. 이러한 환경으로 인해 직접판매원들이 마을을 돌아다니며 판매하는 전문 세일즈 집단이 생겨나게 되었고 1920년대 들어 직접판매원들의 전문화가 이루어지기 시작했다.

이러한 세일즈맨들의 경우 그 직업 특성상 고정된 급여보다는 실적에 따른 보상을 취하는 경우가 많았기 때문에 그 어떤 직종보다 높은 성취를 필요로 했다. 게다가 낯선 사람에게 먼저 접근하고 그들과의 짧은 만남 속에서 호감을 이끌어내야 하는 업무는 사람에 따라 확연한 실적의 차이를 만들었다. 독점자본주의시대를 지나 치열한 경쟁의 시대로 접어들면서 세일즈맨들의 역할은 더욱 커져갔다. 이에 따라 그들을 교육시킬 프로그램이 요구되었다. 한마디로 거대한 성공학 수요층이 등장한 것이다.

현대적 성공학의 기틀을 닦은 나폴레온 힐과 데일 카네기의 등장은 이런 시대의 필연적인 결과였을 것이다. 그들은 발빠르게 사회적 요구에 부응해 낯선 사람을 만나는 데서 오는 두려움을 극복할 신념을 가르쳤고 상대방의 거절을 극복할 화술을 개발해냈다. 그들의 등장 이후 거의 모든 성공학 서적에 등장하는 주요 사례는 세일즈맨에 관련된 것이다. 이것은 오늘날에도 크게 다르지 않다. 많은 보험회사, 자동차회사 등에서 여전히 방대한 규모의 영업조직을 갖추고 있으며 이들의 실적이 곧 회사의 최종적인 이익으로 연결되는바 그들에 대한 교육의 필요성은 계속해서 성공학의 수요를 만들어내고 있다.

그러나 20세기가 막을 내리고 새로운 세기가 시작되면서 세일즈맨의 존재에 대해서도 많은 변화의 조짐이 보이고 있다. 인터넷 시대는 생산자와 수요자를 곧바로 이어주고 있으며 일부업종은 자취를 감추기 시작했다. 새로운 세기에 사라

질 주요 직종 중 하나로 영업직이 꼽히고 있다. 지난 세기 성공학의 수요를 양산했던 세일즈 조직에 일대 변화가 일고 있는 것이다. 이러한 자본주의의 변모에 성공학은 또 어떤 모습으로 부응할지 주목된다.

네트워크 마케팅

네트워크 마케팅의 일반적 정의는 '개인 판매원이 다른 판매원을 모집하고, 그를 하부 조직으로 구성하여 그 사람이 판매한 판매가격에 대한 커미션을 받는 것'이라고 정의할 수 있다. 이러한 방식의 조직 구성과 수익배분이 가능한 것은 유통비용이 절감되었기 때문이다.

일반적으로 생산자에서 최종 소비자에 이르는 동안의 유통비용은 50%를 상회하는 것으로 알려져 있다. 그런데 네트워크 마케팅은 다른 어떠한 유통경로도 거치지 않고 생산자에서 소비자에게 직접 상품을 전달하는 특성이 있다. 그리고 여기서의 소비자는 상품을 사용하는 실소비자이기도 하면서, 동시에 그 상품을 타인에게 판매할 수 있는 판매자의 권리도 부여받는다. 비록 직접적인 구매활동이 일어나지 않는다 해도 이미 그들이 만들어낸 판매조직의 하위단계 사람들의 활동에 의해 수입을 얻는 구조를 갖는다.

보다 매력적인 것은 하위 디스트리뷰터(Distributor)들이 쓰거나 재주문을 할 때마다 상위 디스트리뷰터들은 일정한 보상

플랜에 의해 추가적인 수입을 지속적으로 얻는다는 것이다. 이것이 사람들이 네트워크 마케팅에 관심을 가지는 이유이다.

이러한 새로운 유통방식이 시작된 역사에 대해서는 이견이 많다. 그러나 일반적인 견해로는 1892년 미국의 리차드 시어즈라는 인물이 카탈로그를 통한 판매를 시작한 것이 효시라고 본다. 그는 시어즈사의 우수고객들을 대상으로 24권의 카탈로그를 무료로 배포하고 그 고객들로부터 주문이 들어왔을 때 전달자에게 보상하는 방식을 택했다. 그 결과 그는 동종업계에서 수위를 차지하게 되었던 것이다.

이와 구분해 현대적인 네트워크 마케팅의 시작은 1941년 뉴트리라이트사에 의해 체계화된 보상플랜이 시행되면서부터로 본다. 그러나 본격적인 시작은 뉴트리라이트사의 디스트리뷰터였던 리치 디보스와 제이 밴 엔델이 암웨이사를 설립하면서부터라고 보는 것이 옳을 것이다. 초기 네트워크 마케팅의 성공가능성을 눈여겨본 이들은 미시건주 에이다시의 지하창고에서 생분해성 다목적 세제인 L.O.C. 하이샷을 개발하고 판매를 시작한 이후 급속한 성장을 해왔다. 현재는 약 80여 개국에 진출한 글로벌 기업으로 성장했다.

이 네트워크 사업이 성공학의 발전에 기여한 부분은 또 하나의 거대한 세일즈 조직을 탄생시켰다는 점이다. 낮에는 직장에서 관리자나 생산자로 일하던 사람이 저녁이 되면 부업으로 직접 판매업자를 겸하는 모습이 나타나게 되었다. 평범한 가정주부도 이러한 대열에 쉽게 합류할 수 있었는데 이것은 네트워크 마케팅이 다른 산업에 비해 자본투자는 거의 필요치 않으면서, 자기사업을 시작할 수 있는 기회를 제공하였기 때문이다. 게다가 탄력적인 근무 시간의 조절도 가능해 부업으로도 매력이 있었다.

이러한 네트워크 마케팅은 거대 조직에 속한 세일즈맨들과는 달리 하부조직을 적극적으로 육성해야 큰 보상을 받을 수 있었으므로 스스로가 훌륭한 동기부여가 될 것을 요구하였다. 그리하여 전통적인 성공학의 섭렵은 물론 네트워크 마케팅으로 부를 창조할 수 있는 자체적인 성공학도 개발하기에 이른다. 현재 국내에 들어와 있는 외국계 거대 네트워크 마케팅 회사들 중 일부는 입문자들을 위한 별도의 성공학 과정을 두고 있는 것으로 알려져 있다.

부자학

부를 신의 축복의 증거물로 인식했던 청교도적 발상은 곧 부자를 축복받은 자, 혹은 성공한 자와 동일시하는 경향으로 나타났다. 적어도 미국사회에 있어서 부자는 더 이상 천국에 이르는 길에서 멀리 떨어진 사람이 아니라 사회적 존경을 받아야 할 인물이 되었다.

이러한 경향은 부의 축적 그 자체만을 연구하는 사람들을 출현시켰다. 이들은 대학에서 가르치는 경제학과 같은 강단학문은 아니지만 일반대중을 위한 부자가 되는 방법을 체계적으로 제시하기 시작했다. 가히 부자학이라 부를 만한 영역이 성립되기 시작한 것이다. 이는 성공한 부자들의 원인을 역추적하여 원칙을 정립하려 한 경우도 있었고 성경이나 역사 속의 진리를 통해 부의 법칙을 설명하려는 시도로 나타나기도 했다.

이를 통해 얼마나 많은 신흥부자들이 탄생했는지는 알 수 없으나 수없이 존재하는 부자를 꿈꾸는 사람들로 인해 많은 베스트셀러를 낳으며, 저자만큼은 확실한 부자로 만들어 주었다. 전통적 청교도의 소명의식이나 금욕적 윤리 등으로부터 다소 탈피하여 보다 효율적인 부의 축적 방법을 설명한 이들 부류는 성공학 내에서도 한 분파를 이룬다고 할 수 있다.

부자학으로 분류될 만한 주요 저자와 저서들을 요약하면 다음과 같다.

월레스 와틀스(Wallace D. Wattles)

월레스 와틀스의 삶에 대해서는 알려진 것이 많지 않다. 생전에 몇 권의 저서를 출판하긴 했지만 당대에 유명세를 탈 만한 저서를 남기진 못했다. 1910년 『부자학 *The Science of Getting Rich*』을 남기고 생을 마감했는데, 이 책은 오늘날 우리가 발견할 수 있는 책 가운데 직접적으로 부의 축적에 관해 논의한 가장 오래된 작품 중 하나이다. 그의 저서는 그 이전의 종교적 사색가와 후대의 과학적 성공학 연구가의 가교 역할을 한 작품에 해당한다.

그의 우주관은 기독교적 전통에서 탈피하여 동양사상의 포용과 신비주의적인 경향을 보인다. 하지만 부자학에 관한 그의 입장은 단호하다. 부자학은 대수학이나 산수처럼 정확한 학문이라는 것이다. 유사한 원인이 유사한 결과를 낳는 것은 자연의 법칙이며 누구나 부자학이 가르치는 것과 동일한 방식으로 일할 경우 부자가 될 수 있다는 것이다. 살아생전 그가 얼마나 많은 부를 축적했는지는 알 수 없으나 한 세기가 지난 현재에 이르러 불고 있는 부자 열풍은 잠자던 그를 묘지에서 불러오고 있다. 다음은 『부자학』에서 인용한 내용이다.

인간은 갖고 싶은 것, 하고 싶은 일, 또는 되고 싶은 사람에 대한 그림을 마음속에 분명하고도 명확하게 그려야 한다. 그리고 자신이 가진 모든 소망에 대해 신에게 깊이 감사하면서, 그 마음의 그림을 항상 생각해야 한다.

부자가 되고 싶은 사람은 그 마음의 그림이 실현되고 있음을 진심으로 감사히 여기면서 여가 시간을 보내야 한다.

마음의 그림은 흔들리지 않는 신념과 경건한 감사의 마음으로 최대한 자주 떠올리는 것이 중요하다. 이것이 바로 생각이 무형의 실체에 주입되는 과정이자 창조적인 힘이 발현되는 과정이기 때문이다.

창조적인 에너지는 이미 정해져 있는 자연의 성장과정과 기존의 산업이나 사회적 질서에 따라 작용한다. 그러므로 위에서 말한 지침을 따르고 흔들리지 않는 신념을 가진 사람은 반드시 마음의 그림 속에 담긴 모든 것을 얻게 될 것이다. 그가 원하는 것은 기존의 거래와 상업이라는 수단을 통해 그에게 올 것이다.

내 것이 내게 왔을 때 그것을 받을 수 있으려면 활동적이어야 한다. 그리고 이 활동은 자신의 현재 자리를 채우고도 남음이 있을 때만 가능하다.

우리는 마음의 그림을 실현시킴으로써 부자가 되겠다는 목적을 마음속에 새겨두어야 한다. 그리고 매번 성공적인 방법으로 행동하기 위해 주의를 집중하고, 매일매일 할 수 있는 일은 모두 해내야 한다.

모든 사람들에게 자신이 받은 현금 가치보다 더 큰 것을 사용 가치로 돌려주어 거래를 할 때마다 삶이 더욱 커질 수 있도록 해야 한다. 그리고 만나는 사람에게 자신이 삶을 향상시킨다는 느낌을 줄 수 있도록 앞서가는 사고방식을 가져야 한다.

이와 같은 지침을 실천하는 사람들은 모두 부자가 될 것이다. 그리고 그들이 얻는 부는 마음속 그림의 명확함, 목적의 불변함, 신념에 대한 끈기, 그리고 감사하는 마음의 깊이에 정확하게 비례할 것이다.

조지 클레이슨(George S. Clason)

조지 클레이슨은 출판업계에서 상당한 성공을 거둔 인물로 알려져 있다. 그는 미국 대 스페인의 전쟁에 참전 후 퇴역해서 출판사를 설립했다. 그곳에서 최초로 미국과 캐나다의 도로지도를 펴냈다. 1926년부터 바빌론을 배경으로 한 우화를 펴내기 시작했는데 대공황 직전의 활황세와 맞물려 은행과 보험업계 등에서 선풍적인 인기를 끌었다. 『바빌론의 최고부자』는 그 대표작으로 당시로선 경이적인 수백만 부의 판매부수를 기록하기도 했다. 이제는 부자학에 관한 고전이라 평가받을 만한 이 책의 주요 교훈을 정리해 본다.

1. 지갑 채우기를 시작한다.
   씨앗을 뿌리지 않고 열매를 거둘 생각을 해선 안 된다. 수입의 일부를 저축하는 데서 부는 열매 맺는다.
2. 지출을 통제한다.
   지속적인 저축을 하기 위해선 꼭 필요한 것과 욕망을 구분함으로써 불필요한 지출을 삼가야 한다.
3. 현재 자산으로 추가 수익을 창출한다.
   부 축적의 열쇠는 다른 요인에 영향을 받지 않고 경제적 가치를 생성할 수 있는 지속적인 수익 근원을 확보하는 것이다. 따라서 저축을 통해 축적한 자본을 수익성 있는 다른 프로젝트에 투입해야 한다.
4. 갖고 있는 보물을 안전하게 지킨다.
   투자를 통해 수익을 발생시킨 경험이 있는 사람들로부터 조언을 얻으라. 이상적인 투자는 안전하고, 필요한 경우 회수할 수 있으며, 건전한 방법으로 이익을 얻을 수 있어야 한다.

5. 내 집을 먼저 장만하라.

경제적 성공을 가속화할 수 있는 방법 중 하나는 내 집을 먼저 마련하는 것이다. 주택 임대비용을 지출하는 것보다는 집 장만에 사용한 은행 대출금을 갚는 것이 바람직하다.

6. 미래 수입을 확보한다.

인생에 예기치 않은 수많은 경우의 수에도 대비할 수 있어야 한다. 특히 한 집안의 가장이라면 뜻하지 않은 사고에 대비하여 가족들을 위해 반드시 보험에 가입해야 한다.

7. 돈 버는 능력을 계속해서 향상 시킨다.

부를 축적하는 것과 관련 있는 교육, 직업훈련, 이직 등을 모두 고려하라. 부의 축적은 원대한 꿈과 이를 이루기 위한 인내심, 집중력 및 지혜가 중요한 영향을 미친다.

토마스 스탠리(Thomas J. Stanley)

토마스 스탠리는 약 반세기 전 나폴레온 힐이 했던 것과 유사한 작업을 한 인물이다. 나폴레온 힐이 당대의 최고 성공인들을 대상으로 성공의 원칙을 연구했던 반면 토마스 스탠리는 이름 없는 미국 백만장자들의 참모습을 밝혀내기 위해 많은 시간을 소모했다. 1973년 이후 30여 년간 지속되고 있는 그의 작업은 『이웃집 백만장자 *The Millionaire Next Door*』

『백만장자 마인드 *The Millionaire Mind*』 등의 명저를 출간하며 결실을 맺고 있다. 경영학 박사로서 학문적인 방법으로 백만장자에 대한 연구를 거듭하여 '백만장자학의 창시자'로 불리기도 한다.

토마스 스탠리가 밝혀낸 미국 백만장자들의 참모습은 『이웃집 백만장자』에 다음과 같은 원칙으로 요약되어 있다.

1. 수입의 일부분만을 소비하고 나머지는 모두 투자하는 보수적인 생활 습관을 갖고 있다.

   그의 연구 결과 미국의 백만장자는 청교도적 정신에 투철한 벤자민 프랭클린형의 인물들이다. 그들은 풍요로움보다 안정에 가치를 두고 상류층 주거단지도 가까이하지 않는 사람들이었다.

2. 자원(시간, 돈, 에너지)을 효율적으로 배분한다.

   부자들은 그렇지 못한 사람들에 비해 월간 재무계획을 위해 두 배 이상의 시간을 할애한다. 즉, 재정계획에 할애하는 시간은 부의 축적에 비례함이 증명된 셈이다.

3. 사회적 지위보다 경제적 지위에 우선순위를 둔다.

   수입이 많은 것과 재산이 많은 것은 다른 것이다. 미국의 백만장자들은 신분의 상징으로서 비싼 자동차를 구매하지 않는다. 그들은 공격에만 집중하는 사람들이 아니라 수비의 중요성도 아는 멀티 플레이어이다.

4. 자수성가형이 많으며 이는 자녀들에게도 적용된다.

   미국인들의 자조정신은 여전히 유효하다. 건국 이후 미국을 지탱해온 이 정신은 백만장자들에 의해 그 자녀세대에게도 전해지고 있다.

5. 공평한 유산 분배방식

   미국 백만장자들은 자녀들에게 유산을 남길 때도 대단히 합리적이다. 아들보다는 경제적으로 열등한 딸들 위주로 유산을 남기며 무엇보다 검약과 독립적인 삶을 가장 큰 유산으로 남기려 한다.

6. 떠오르는 시장을 집중 공략한다.

   백만장자는 시대를 앞서 준비하고 맞이하는 사람들이다. 그들은 새로운 사업 분야를 눈여겨보며 자녀들에게도 유망한 분야의 직업을 권유한다.

7. 봉급생활자보다는 자영업자나 전문직종을 택한다.

   현대의 봉급생활자란 산업혁명 이전의 농민에 다름 아니다. 백만장자들은 직업선택의 자유를 최대한 활용하는 사람들이다.

로버트 기요사키(Robert T. Kiyosaki)

언제부터인가 미국에서는 '성공하고 부자로 사는 법'에 관한 책을 쓰고 강연을 하는 것이 하나의 비즈니스 모델이 되었다. 그 길이야말로 가장 빨리 자신을 부자로 만드는 방법이란 것은 이제 공공연한 사실이다. 방대한 미디어 시장과 연간 400조 원이 넘는 세미나 시장 등이 그것을 가능케 하는 원인이다.

물론 그 가운데는 시대를 뛰어넘는 고전이 되는 책들도 있고 반짝하고 마는 책들도 있다. 20세기에서 21세기로 넘어가는 와중에 등장한 『부자 아빠 가난한 아빠』는 누가 누구를 부자로 만들어주는지를 극명히 보여준 사례에 해당한다. 그 자신이 과거가 불투명한 일본계 4세 로버트 기요사키는 대조적인 두 인물 — 교육은 많이 받았지만 실물경제에 어두웠던 자신의 친아버지와 낮은 교육 수준에도 불구하고 거대한 부를 일군 죽마고우의 아버지 — 을 등장시켜 새로운 세기 부의 축적방법에 대한 조언을 들려준다.

애시 당초 출판업자들의 인정을 받지 못해 일천 부를 자비로 출간해야 했던 『부자 아빠 가난한 아빠』 1권은 도서유통업계에서도 냉대를 받아 친구가 운영하는 주유소에 몇 부를 비치할 수 있을 뿐이었다. 그런데 어느 날 이 책이 네트워크 마케팅 종사자의 눈에 띄게 된다. 로버트 기요사키의 주장 중 네트워크 마케팅 업체에겐 매우 달콤한 부분이 있었던 것이다. 결국 네트워크 마케팅 업체의 단체 구매로 인해 판매에 탄력이 붙었고 이는 선순환을 발생시켜 베스트셀러 지위에 오르게 된다. 그 이후 시리즈로 몇 권이 더 발행된 『부자 아빠 가난한 아빠』는 저자 로버트 기요사키를 거부로 만들어주었고 한국에서도 IMF 직후에 큰 반향을 불러일으켰다.

대체로 남들이 다 알 만한 사실을 부자 아빠의 입을 통해 들려준 것에 불과하다는 평가가 지배적이지만 어쨌건 새로운

세기에 불어 닥친 신경제의 거품과 함께 세계적 베스트셀러가
된 『부자 아빠 가난한 아빠』의 내용을 정리해 본다.

1. 돈을 위해 일하지 말고 돈이 나를 위해 일하도록 하라.
   재정적 자유를 얻기 위한 가장 중요한 열쇠는 직업만
   을 돈버는 수단으로 여기지 말고 돈 자체를 어떻게 생
   산적으로 증식시킬 수 있을지를 배우는 것이다.
2. 자산과 부채의 차이를 구분하고 금융지능을 높이며 자
   산을 구입하라.
   자산이란 당신 주머니로 돈을 끌어들이는 항목을 의
   미하며 부채는 당신 주머니에서 돈을 빼내가는 것을
   의미한다. 손익계산서와 대차대조표를 이해할 능력을
   키우고 자산을 증가시켜라.
3. 자신의 사업을 시작하라.
   가난한 아빠는 직업에 초점을 맞추고 다른 사람의 사
   업을 키우는 데 일생을 바치는 반면 부자 아빠는 자신
   의 비즈니스를 키우는 데 총력을 기울인다.

현대 성공학의 성립

현대 성공학의 성립

　현대의 성공학은 대공황을 전후하여 등장한 나폴레온 힐과 데일 카네기라는 걸출한 두 인물에 의해 전환점을 맞는다. 그들은 이전의 성공학과는 달리 종교적 색채를 벗고 수많은 성공인들과의 인터뷰 등을 통해 추출된 데이터에 의거, 구체적으로 시대가 요구하는 성인교육의 수요에 부응했다.

　한국의 IMF에 비견될 미국의 대공황은 그 이전의 급격한 산업화에 따른 초고속 성장과 극적인 추락의 경험으로 많은 미국인들에게 사고의 전환을 가져왔다. 미국인들은 자기계발에 더욱 적극적으로 투자하게 되었고 그러한 교육컨설팅 사업이 하나의 비즈니스 모델이 되기에 이르렀다. 이렇게 하나의 산업군으로 성장한 자기계발 산업은 초창기의 프로테스탄트 교회라는 둥우리를 벗어나 기업들이 주도하게 된다.

20세기 전반기에 두 번에 걸친 세계대전을 거친 인류는 대륙 간에 혹은 국가 간에 보다 효율적인 산업발전에 대한 경쟁을 가속화시켰고 거대기업들은 직원들에 대한 교육투자를 적극적으로 하게 되었다. 이제 바야흐로 개인의 소명과 인생의 성공을 가르치던 성공학의 시대는 지나고 보다 효율적인 것을 추구하는 기업들의 요구에 맞춰 세분화되고 전문화된 자기계발프로그램들이 대량 양산되는 시대가 열리게 되었다. 20세기 성공학의 역사에서 빠뜨릴 수 없는 인물들의 주요 저서를 기준으로 그들의 생각을 정리해 본다.

나폴레온 힐(Napoleon Hill)

나폴레온 힐은 그의 전 생애를 성공의 원리를 연구하고 이를 전파하는 데 바친 인물이다. 그는 생전에 방대한 양의 저서를 남겼고 후대 성공학 연구가들과 성공을 꿈꾸는 이들에게 많은 영향을 끼쳤다. 그러나 그의 삶이 이러한 방향으로 흘러간 것은 처음부터 그 자신의 선택은 아니었다. 거기에는 미국의 철강왕 앤드류 카네기와의 운명적인 만남이 있었다.

앤드류 카네기(Andrew Carnegie)는 스코틀랜드 이민자 출신으로 거부가 된 아메리칸 드림의 상징과도 같은 존재였다. 그런데 신출내기 기자시절의 나폴레온 힐에게 앤드류 카네기와 면담할 수 있는 행운이 주어졌다. 첫 만남에서 카네기는 나폴레온 힐이 마음에 들었다. 둘과의 만남은 사흘간 지속됐고 사흘째 되는 날 카네기는 나폴레온 힐에게 그의 운명을 뒤바꿔놓을 제안을 했다.

그는 자신이 가난한 이민자 출신으로 당대 최고의 거부 중 한 사람이 되었으므로 자기가 이룩해낸 일이라면 이 세상 누구라도 할 수 있는 일이라고 생각했던 것이다. 그래서 나폴레온 힐에게 이 세상 모든 젊은이들에게 적용할 수 있는 성공의 원칙을 찾아볼 것을 권했다. 그러나 조건은 단 한 푼의 금전적 지원도 없이 스스로 해내야 한다는 것이었다.

두 사람 사이에는 긴 침묵이 흘렀다. 결국 나폴레온 힐이 무거운 침묵을 깨고 대답을 한 것은 정확히 29초 만의 일이었다. 만일 그의 대답이 일 분을 넘어서 나온 것이었다면 오늘날 나폴레온 힐의 성공학은 존재하지 못했을 것이다. 사업을 통해 사람을 볼 줄 알았던 카네기는 오랜 시간이 걸려 나오는 답변은 신뢰할 수 없음을 알고 있었기에 주머니 속 시계로 시간을 재고 있었던 것이다.

그 후 앤드류 카네기는 나폴레온 힐의 충실한 후견인 역할을 했다. 유명한 성공인들과의 인터뷰를 위해 소개서를 보내주고 자신도 기꺼이 많은 시간을 할애해 인터뷰에 응했다. 하지만 약속처럼 금전적인 지원은 단 한 푼도 없었다. 그 후 수많은 성공한 사람들을 대상으로 그들의 성공원리를 파악하고 이를 데이터화해 나간 지 20년 만에 나폴레온 힐은 그간의 결과를 집대성할 수 있었다. 바로 1929년 출간된 『성공의 법칙』이 그것이다. 그는 이 책에서 성공한 모든 사람들에게서 공통적으로 발견되는 특성을 열다섯 가지의 원칙으로 정리하였다. 그러나 세상의 평가는 의외로 이 역작에 대해 냉담했다. 그의 성공원칙 중 하나인 '실패를 통한 교훈'을 그 자신도 직접 체험해야만 했던 것이다.

나폴레온 힐은 대공황이 미국사회를 휩쓸고 지나간 후 수많은 미국인들에게 힘을 준 최고의 히트작 『생각하라 부자가 되리라』를 출간하게 된다. 이 책은 나폴레온 힐에게 명예와 성공을 가져다주었지만 그 이전의 작품과는 다소 다른 원리들을 설명하고 있다. 나폴레온 힐의 전집이 다소 산만하게 느껴지는 이유가 거기에 있다. 하지만 이 작품을 통해 미국인들의 정신세계에 확고한 기반을 다진 그는 1970년 세상을 뜰 때까지 집필활동과 강연활동을 계속해 나갔다.

오랜 기간의 집필활동과 방대한 유작은 그의 성공원칙도 시기에 따라 몇 가지의 버전으로 남기게 되는데 현재 나폴레온 힐 재단에서 보급하고 있는 프로그램은 『성공의 법칙』을 바탕으로 한 17개 원칙을 가르치고 있다. 나폴레온 힐이 제시하는 성공원칙 중 시대를 초월해서 반복적으로 제시되는 중요원칙 몇 가지를 추려본다.

1. 마스터마인드

나폴레온 힐에 의해 '공동의 목표를 지향하는 조화로

운 정신'으로 정의되는 이 단어는 인간관계에 있어서의 시너지 효과를 뜻한다. 함께 뜻을 모아 발휘하는 힘의 양은 각 개인의 한계를 초월한다.

2. 명확한 목표

나폴레온 힐이 조사한 수많은 사람들 중 인생을 성공적으로 영위한 사람은 단 5%에 지나지 않았다. 나머지 95% 사람들의 공통점은 목표 없는 인생을 살았다는 것이다. 무엇보다 이 원칙의 중요성은 다른 원칙들을 수렴하고 있다는 데 있다. 다른 원칙에 대해서 상위의 원칙으로 이해해도 무리가 없을 것이다.

3. 상상력

인간의 사고는 물질화된다. 이 세상 모든 인간의 창조물은 상상력이라는 씨앗에서 발현된 것이다. 상상력의 활용은 인간 풍요의 근원인 셈이다.

4. 보수보다 많이 일하는 습관

모든 성공한 사람들에게는 당장에 돌아오는 보상보다 더 많이 일하던 시기가 있었다. 그들은 신용과 평판을 쌓았고 그것은 더 큰 보상을 돌려 주었다. 나폴레온 힐은 이를 가리켜 '보상 증가의 원리'라고 설명하였다.

데일 카네기(Dale Carnegie)

미주리 주 출신의 시골청년 데일 카네기는 교사, 세일즈맨, 배우 등의 다양한 직업을 거쳐 1912년 뉴욕에서 최초의 성인

화술강좌를 개설하게 된다. 처음 화술강좌를 시작한 그는 곧 일상적 업무와 사회적 교제를 위해서 사람들과 잘 사귀는 기술 훈련이 필요하다는 사실을 깨닫게 되었다. 또한 절대 다수의 성인들이 배울 필요성을 느끼는 이 분야에 있어 단 한 권의 참고서도 존재하지 않음을 발견하게 되었다. 이제는 완전한 비즈니스 모델과 확고한 산업군이 된 자기계발분야가 당시에는 미국에서도 제대로 시작되지 않은 불모지였던 것이다. 이에 자극받은 데일 카네기는 수많은 전기를 탐독하고 세계적 명성을 얻은 많은 성공인들과 면담을 했다. 이러한 자료들을 바탕으로 '카네기 인간관계론' 프로그램을 개발, 대중에게 보급하기 시작했다.

1937년 출간된 『카네기 인간관계론』의 서두에는 314명의 종업원을 혹독하게 다루었던 한 오너에 대해 언급하고 있다. 종업원에 대해 위압적이고 그 어떤 긍정적 표현도 할 줄 몰랐던 그가 카네기의 강좌를 수강한 후 '절대 비판하거나 불평하지 말라'는 원칙을 종업원에게 적용한 결과 어떤 변화를 겪었는지 설명하고 있다. 결론적으로 그는 314명의 적을 314명의 친구로 변화시켜 충성심을 고무하고 회사의 이익을 증가시킬 수 있었다. 종업원들을 소중히 대하고 그들이 특별한 존재라고 느끼도록 하는 것은 경영진이 당연히 받아들여야 할 현명한 자세이나 당시로서는 파격적인 일이었다.

그는 프로이드, 링컨, 존 듀이의 입을 빌려 인간 내부에는 중요해지고 싶다거나 혹은 인정받고 싶다, 위대해지고 싶다는 욕망이 있음을 지적하며 이를 이해하는 사람은 다른 사람들로 하여금 최선을 다하도록 하는 방법을 알고 있다고 했다. 그러나 그가 아첨하는 인간형을 가르쳤다고 생각한다면 크게 오해하는 것이다. 그는 듣는 이의 허영심만을 충족시켜줄 뿐인 아첨을 혐오하였다. 아첨에 비해 다른 사람의 장점을 인정하는 것은 그 사람을 진정으로 알아본다는 것을 의미하므로 감사받을 만한 행위라고 가르쳤다.

나폴레온 힐의 교육프로그램이 독학위주로 되어 있고 비영리재단으로 운영되는 데 비해 카네기의 프로그램은 현재 포춘지 선정 500대 기업 중 420여 개 이상의 기업에서 직원교육용으로 실시하고 있을 만큼 사회적 요구에 적극적으로 반응하고 있다. 어쩌면 그야말로 책을 쓰고 강사가 되어 돈을 버는 미국식 모델의 원조일지도 모른다.

어쨌건 그의 책이 가지는 또 하나의 미덕은 특유의 유머감각으로 전편에 걸쳐 읽는 재미를 준다는 것이다. 목사님 말씀같은 자기계발 서적에서 완전히 탈피해 시대의 획을 긋는 작품인 셈이다. 그가 들려주는 교훈 중 대표적인 예를 몇 가지 추려본다.

1. 비난이나 비평, 불평하지 말라.
2. 솔직하고 진지하게 칭찬하라.
3. 다른 사람들의 열렬한 욕구를 불러일으켜라.
4. 다른 사람들에게 순수한 관심을 보여라.

5. 이름을 기억하라.

6. 경청하라.

7. 상대방의 관심사에 대해 이야기하라.

8. 논쟁을 피하라.

맥스웰 몰츠(Maxwell Maltz)

맥스웰 몰츠는 현대 성공학을 한 차원 높게 발전시킨 인물로서 성공학을 이야기할 때 빼놓을 수 없는 인물이다. 그는 그이전의 성공학이 '성공철학'이라는 평가를 받는 것과 달리 명실 공히 '성공과학'의 시대를 열었다 그는 성형외과 의사로서 수많은 환자들과의 상담을 통해 왜곡된 자아이미지야말로 인간의 능력을 제한하는 원인임을 깨달았다. 그리고 당시로선 첨단무기였던 유도탄에 관한 지식과 심리학, 생리학에 관한 광범위한 연구 등이 더해져 그만의 독특한 사이코사이버네틱스(Psycho-cybernetics) 이론을 개발해냈다.

맥스웰 몰츠의 영향은 후대 비즈니스와 세일즈는 물론 스포츠계에도 큰 영향을 미쳤다. 맥스웰 몰츠 이전의 성공학이 'how to'에 대해 뚜렷한 이론이나 과학적 설명을 할 수 없었던 반면 과학적 소양이 풍부했던 그는 구체적이고도 직접적으로 인간 행동을 변화시키는 프로그램을 개발해낼 수 있었던 것이다.

'사이코사이버네틱스'라는 이름에서 알 수 있듯이 그의 이론 성립에 깊은 영감을 준 것은 당시 활발히 개발되고 있던 컴퓨터의 인공지능이었다. 특히 움직이는 목표물을 궤도수정하며 추적하는 유도탄의 발명은 그에게 인간 잠재능력에 대한 본질적인 깨달음을 주었다. 그는 동물이 태어나자마자 생존을 위한 본능적인 행동을 영위하듯이 인간에게도 그러한 천부적인 시스템이 두뇌에 내장되어 있을 것이라고 보았다. 인간의 잠재의식은 단순한 생존의 차원이 아니라 보다 나은 성공지향적인 메커니즘이라고 생각했다. 그래서 그는 이렇게 말한다. "기억하고, 걱정하고, 신발 끈을 묶을 수 있는 정도의 능력만 있으면 사이코사이버네틱스 이론에 따라 누구나 성공할 수 있다."

그에 의하면 성공은 결국 인간 본연의 모습을 찾아가는 과정인 셈이다. 그의 독창적인 이론 중 기억할 만한 부분을 간추려본다.

셀프이미지의 비밀

성형외과 의사였던 그는 수많은 환자들과의 임상실험을 통해 특이한 사실을 발견할 수 있었다. 수술을 원하는 사람들 상당수가 외과적인 수술 이상의 어떤 것을 필요로 하고 있었으며 그들 중 일부는 외과적 수술이 전혀 필요하지 않은 사람들이었다. 즉, 그들에게 진정으로 필요한 것은 얼굴이나 팔, 다리의 성형수술이 아니라 건강한 자아이미지의 회복이었던 것이다. 왜곡된 자아이미지의 소유자는 끊임없이 자신을 불신하고 스스로의 능력을 한정지으며 끝내는 파멸을 향해 나아간다.

많은 성공학자들이 목표설정의 중요성을 언급하지만 맥스웰 몰츠의 설명은 단호하다. 그 설정된 목표가 자신의 자아이미지와 일치하지 않을 경우 목표는 잠재의식에 의해 거부당하거나 변질된다는 것이다. 그러므로 그의 프로그램은 건강한 자아이미지의 회복으로부터 시작된다.

사이코사이버네틱스(Psycho-cybernetics)

맥스웰 몰츠 이전의 성공학자들도 성공을 가져오는 근원적인 힘으로서 잠재의식을 언급했지만 그만큼 명쾌하게 설명을 해내지는 못했다. 과학자였던 맥스웰 몰츠는 당시의 첨단 문명의 이기에도 해박한 지식이 있었다.

컴퓨터 산업의 발전은 인간 두뇌의 작동원리에 대해서도 이해의 폭을 넓혀주었는데 유도탄의 자기궤도수정, 기계나 설비의 자동제어 시스템과 같은 자동유도 시스템이 모든 생물체에 내장되어 있을 것이라는 가설이 공감대를 형성하기 시작한 것이다. 그리고 그런 논리대로라면 모든 생물체는 선천적으로 부여된 이 시스템을 활용하여 원하는 목적을 달성할 수 있는 셈이다. 다만 인간의 경우는 생존 자체가 아닌 보다 발전 지향적 목표달성 시스템이 내장되어 있다고 보았다. 그러므로 인간에게 있어 성공이란 동식물의 생존유지본능과 같이 지극히 자연스러운 생명력의 표현이다. 자신의 자아이미지에 부합하는 명료한 목표를 설정한다면 마치 우리가 숟가락이나 젓가락을 이용하듯이 우리의 잠재의식은 자연스럽게 목표를 향해 나아갈 것이다.

스티븐 코비(Stephen R. Covey)

스티븐 코비의 『성공하는 사람들의 7가지 습관』이 출간되었던 것은 1989년이었다. 당시 미국은 1980년대 일본 경제의 대공습으로 다음 세기에는 2류 국가로 전락할지도 모른다는 불안감이 엄습하고 있었다. 이 혼란스런 미국 경제계에 등장한 스티븐 코비의 존재는 그야말로 특별했다. 전체적으로 그가 던지는 메시지는 미국 건국 초기 청교도 정신으로의 회귀다. 일부에서는 스티븐 코비가 몰몬교 신자라는 것을 구실로 폄하하는 경우도 있지만 그의 프로그램은 초창기 청교도 목사들의 성공학을 현대 버전으로 재출시한 것으로 보아도 큰 무리가 없다.

그는 책의 도입부에서 이런 주장을 하고 있다. 미국 건국 이후 200년간의 문헌들을 세밀히 분석한 결과 최근 50년간의 성공문헌들 대부분이 피상적 해결책만을 다루고 있다는 것이다. 그가 제시하는 50년 전이라면 정확히 1930년대 후반으로 데일 카네기와 나폴레온 힐의 등장시기와 일치한다.

데일 카네기와 나폴레온 힐, 이 두 명의 걸출한 성공학 창시자들은 종교적 색채를 벗어나 과학적 데이터를 동원한 검증된 원리를 설파했고 이는 후대의 성공학에 결정적 분수령으로 작용했다. 그러나 스티븐 코비는 이런 부류의 성공학을 가리켜 성격(Personality)윤리라고 지칭하며 성품(Character)윤리로의 회복을 주장한다.

초창기 프로테스탄트 교회 내에서 토대를 닦은 성공학은 나폴레온 힐과 데일 카네기의 출현을 기점으로 기업 쪽으로 주도권이 넘어가게 된다. 이렇게 변형된 자기계발 프로그램들은 초창기 성공학과는 확실히 다른 면모를 보이며 개인중심보다는 '동기부여'라는 명목 하에 기업이 요구하는 결과를 도출하기 위한 프로그램들을 양산하게 된다. 그러나 수많은 컨설팅 회사에서 양산한 방대한 프로그램들의 영향에도 불구하고 미국경제는 쇠퇴하는 듯 보였으며 이때 스티븐 코비는 '원칙중심'을 화두로 던졌던 것이다.

1990년대 미국 경제의 부활을 그의 업적으로 돌릴 수는 없겠으나 얄팍한 기법위주로 변질되어가던 성공학을 개인들의 인생성찰과 그 소중함을 되새기는 계기로 바로잡은 공로는 무시할 수 없을 것이다.

현재 그의 프로그램은 '프랭클린 플래너'라는 막강한 도구에 힘입어 전세계 비즈니스맨들에게 광범위한 영향을 끼치고 있다. 그가 제시하는 7가지의 성공원리는 다음과 같다.

1. 주도적이 돼라.

　제일의 원리가 이런 것으로 결정된 것도 무리는 아니다. 이는 미국인들의 자조(Self-Help)의 전통을 반영한 것으로 볼 수 있다.

능동적인 반응은 인간의 고유한 능력이다. 무슨 일이 일어났느냐가 중요한 것이 아니라 어떻게 반응하느냐가 중요한 것이다.

2. 목표를 확립하고 행동하라.

마치 최후의 심판처럼 그는 우리에게 생의 마지막 날을 떠올려 볼 것을 권한다. 그리고 훗날 우리 무덤 앞의 묘비에 쓰일 문구를 미리 생각해 보게끔 한다.

이러한 작업들을 통해 우리 삶의 가장 큰 목표, 비전 등을 구체적으로 확립하고 거기에 우선순위를 두고 행동할 것을 가르친다.

3. 소중한 것부터 먼저 하라.

시간관은 문화권에 따라 다양하게 나타난다. 일반적으로 직선적이라고 표현되는 기독교적 시간관은 삶에 대해 조금은 조급한 태도를 취한다.

기독교 문명권에서는 시간이란 한정된 자원을 효과적으로 배분하는 것을 무엇보다 중요한 삶의 전략이라고 가르친다. 스티븐 코비는 일을 4가지 유형으로 분류한다.

1) 중요하고도 급한 일

2) 중요하지만 급하지 않은 일

3) 중요하지는 않지만 급한 일

4) 중요하지도 급하지도 않은 일

효율적인 시간관리는 2)번 유형, 즉 급하지는 않지만 중요성이 높은 일에 가능한 많은 시간을 투자해야 한다는 것이다.

4. 상호이익을 추구하라.

    성경식으로 표현한다면 황금률에 해당한다. 다른 사람들과 같이 일하는 가장 효과적인 방법은, 수단이나 방법이 아니라 결과에 있어서의 윈윈 상황을 만들어내는 것이다.

5. 경청한 다음에 이해시켜라.

    가장 효과적인 커뮤니케이션의 원칙은 잘 말하는 것이 아니라 잘 듣는 데서부터 출발해야 한다. 우선 상대방에 대한 충분한 이해를 바탕으로 나를 이해시킬 필요가 있다.

6. 시너지를 활용하라.

    인간관계에 있어서는 한 개인이 발휘할 수 있는 역량의 크기보다 함께 일할 때 발휘되는 힘의 크기가 더 크다는 것을 알 수 있다. 이러한 시너지 효과는 사람들 간의 정신적, 감정적, 심리적 차이로부터 에너지와 효율성을 이끌어내는 것이다.

7. 심신을 단련하라.

    일 잘하는 나무꾼은 톱질을 하는 시간 못지않게 톱날을 가는 데 많은 시간을 소모한다. 정기적인 재충전은 자기발전에 있어 필수적인 요소이다.

앤서니 라빈스(Anthony Robbins)

앤서니 라빈스는 현대 미국 성공학계의 슈퍼스타다. 젊은

나이에 자가용 헬리콥터를 타고 개인 소유의 섬을 가지고 있는 억만장자이기도 하다. 그는 미국사회에서 동기부여 강사가 어떤 존재로 군림할 수 있는지를 보여주는 실례이다.

고졸학력에 가난뱅이 청년이었던 그가 신경언어프로그래밍을 배우고 이를 대중적인 자기계발 세미나에 접목, 오늘날 미국사회에서 가장 영향력 있는 인물 중 한 사람으로 꼽히고 있다. 미국의 일류 스포츠 스타와 연예인, 빌 클린턴, 조지 부시 같은 전·현직 대통령, 거대기업 CEO 등 미국을 움직이는 사람들 뒤에는 반드시 그가 있다고 할 수 있을 정도다.

그는 이전의 선배세대 동기부여 강사들이 대체로 세속적인 목사와 같이 근엄한 길을 걸었던 데 비해 자신의 세미나를 엔터테인먼트와 결합, 마치 대중음악 콘서트장과 같은 분위기를 연출하고 있다. NLP라는 강력한 심리기법을 바탕으로 인스턴트 시대에 걸맞게 '즉각적인 변화'를 이끌어내어 현대 미국인에게 강하게 어필하였다.

그의 저서『무한능력』과『네 안에 잠든 거인을 깨워라』등은 각기 천만 부 이상씩 판매된 베스트셀러이며 미국문화의 특성을 활용한 오디오북도 엄청난 판매고를 올리고 있다. 처녀작이자 출세작인『무한능력』은 NLP안내서로도 손색이 없을 만큼 그 이론에 충실한 서적이다. 이 책들 속에서 그는 방대한 독서량을 바탕으로 자신의 주장을 대단히 인상적인 사례들로 입증하고 있다.

두 번째로 베스트셀러 반석 위에 올려놓은『네 안에 잠든 거인을 깨워라』는 정통 NLP를 벗어나 그만의 창조적인 변화 기법들도 선보인다. 그러나 부분적으로는 다 맞는 얘기들이지만 방대한 분량 탓에 전체적으로 처음부터 끝까지 일관된 메시지를 정리하기는 쉽지 않다. 『네 안에 잠든 거인을 깨워라』중 중요부분만 발췌요약하면 다음과 같다.

1. 결단의 힘
   우리 자신의 운명을 결정짓는 것은 그 어떤 것도 아닌 바로 자신의 '결단'이다. 우리의 현재는 과거의 결단들의 총합이며 우리의 미래는 오늘 내리는 현명한 결단에 의해 구성된다.

2. CANI(Constant And Never-ending Improvement)
   일본인들이 'kaizen(改善)'이라고 하는 것, 즉 지속적인 개선을 통해 목표에 접근해가는 방식을 그 나름의 조어로 개발한 것이다. 이는 NLP의 전제조건 중 하나인 '실패는 없으며 단지 피드백만 있을 뿐이다'라는 원칙의 다른 표현이다.

3. NAC(Neuro-Associative Conditioning)
   NLP의 기법에서 한 걸음 더 나아가 그만이 사용하는 독특한 기법이다.
   자신이 원하는 가치와 즐거움의 감정을 연결시키고 원치 않는 감정은 고통과 연결시키는 프로세스이다. 일반적으로 NLP에서는 즐거움이나 목표 등에 대해 적극적으로 지향(toward)하는 방식을 취하지 지양(away

from)하는 방식을 취하지는 않는다. 그런 데 비해 앤서니 라빈스는 인간의 두뇌는 즐거움을 추구하며 고통을 만들어내는 대상은 꺼려하게 된다는 본능을 이용, 즉 각적 변화를 이끌어내기 위해 이 기법을 사용한다.

4. 최고의 감정상태를 유지하라.

인간의 행동은 외부요인의 결과라기보다는 현재 감정상태의 반영이다. 그리고 감정의 변화는 필연적으로 행동의 변화를 가져오게 된다. 역설적으로 행동의 변화를 통해 감정의 변화를 가져올 수도 있다.

그러므로 최고의 감정상태에 도달하기 위해서는 의식적으로 그러한 상태에 도달했을 때의 육체상태를 만드는 훈련을 하도록 한다.

5. 올바르게 질문하라.

올바른 답을 원하면 올바른 질문을 하라. 질문 속에 답이 있으며 질문의 수준이 답의 수준을 결정한다.

6. 은유의 힘

은유는 세심히 사용되어야 할 언어의 힘이다. 많은 종교의 창시자들이 사용했던 이 강력한 언어의 힘을 자신에게도 사용해 보라. 운명이 바뀔 것이다.

소수자의 동참

페미니즘

인간의 역사(History)는 그들(He)만의 역사(Story)였다. 남자들은 전쟁을 치렀고 전쟁의 승자에 의해 역사는 기록되었다. 역사 속에서 여성은 존재하지 않거나 기록되더라도 아주 미미한 역할로만 존재했다. 이러한 현상은 작은 차이만 있을 뿐 거의 대부분의 문화권에서 동일하게 나타나는 현상이다. 여성의 존재와 지위에 대해 가장 먼저 변화를 보인 것은 서구사회였다. 프랑스 대혁명은 서유럽 전체에 절대주의가 붕괴되고 민주주의가 대두되는 계기를 제공했고 이를 거치면서 여성들도 차츰 세상 밖으로 자신의 목소리를 내기 시작했다.

1789년 혁명이 일어나던 해에 메리쿠르와 라콤브와 같은 선구적 여성들에 의한 여성참정권 요구가 있었다. 그러나 일반 대중의 호응은 싸늘한 것이었고 국민의회에서도 받아들여지지 않았다. '여성권리선언'을 마리 앙트와네트에게 제출했던 구즈는 '여성에게 단두대에 오를 권리가 있다면 의정단상에 오를 권리도 있다'는 유명한 말을 남기고 단두대의 이슬로 사라졌다. 1793년 국민공회로부터 여성의 집회가 금지되었고 모든 여성단체는 해체되었다. 이를 계기로 프랑스에서는 여성운동이 백 년 가까이 침체되었다.

프랑스의 침체기 동안 영국과 미국에서는 활발히 여성의 사회적 지위향상 문제가 논의되었다. 그 결과 1890년대에 이르러서는 페미니즘이라는 용어가 사용되기 시작한다. 페미니즘은 여성적 시각에서 세상을 바라보는 이념으로 통칭되는데 성차(Gender)에 기인하는 불평등과 억압을 고발하고 해결하고자 하는 목적으로 시작되었다. 현대에 이르러서는 사회변화와 학문적 조류에 따라 다양한 이론과 방향이 제시되기도 한다. 이러한 학문적, 이론적 배경을 바탕으로 20세기 초부터 각국에선 여성참정권이 실현되기 시작하였다. 여성참정권의 시작은 신대륙에서 먼저 실현되었다. 영국이 1928년, 프랑스는 제2차세계대전 이후인 1946년에야 여성참정권을 획득한 반면 미국은 1920년에 이를 실현했다. 이는 여성들의 성공시대를 여는 상징적인 의미로 해석할 만하다.

그러나 20세기 초 수많은 성공인들과의 인터뷰를 바탕으로 성공학을 체계화한 나폴레온 힐의 책에서 여성들의 성공사례를 발견하기란 쉽지 않다. 1928년 출간된 그의 처녀작이자 20년간의 노고의 산물인 『성공의 법칙』은 그가 조사 대상으로 삼았던 유명인물들의 실명이 등장한다. 그러나 그 가운데 우리가 기억할 만한 여성은 헬렌 켈러 정도이다. 1948년 남녀평등의 참정권을 획득한 신생 대한민국에서 여성들의 사회적 활약을 기대하기 어려웠듯이 여성의 참정권 획득 자체가 많은 여성들에게 성공의 기회를 제공하진 못했던 것이다.

여성들의 사회참여가 본격적으로 시작된 것은 미국에서도 1960년대 이후의 일이다. 페미니즘이 대중적으로 확산되고 실천적인 운동들이 곳곳에서 전개되었다. 여성들은 활동 공간을 부엌에서 사회 곳곳으로 넓혀가기 시작했다. 당시 여성의 성공에 가장 큰 어려움은 소녀들에게 성공한 여성의 모델을 제시하지 못했다는 것이다. 역사 속의 여인들은 모두 누군가의 아내이거나 어머니로만 존재했었다. 그러나 1960년대 이후 지속된 여성들의 적극적인 사회참여는 존경받고 성공한 여인들을 세상에 내놓게 되었다.

오늘날 세상에서 가장 부유한 여성 중 한 명으로 꼽히는 방송인 오프라 윈프리는 흑인여성에 미혼모라는 결함을 딛고서 세계에서 가장 존경받는 여성 중 한 명이 되었다. 또 1980년대의 영국 수상이었던 '철의 여인' 마거릿 대처는 아르헨티나와의 전쟁을 승리로 이끌어 여성 지도자에 대한 우려를 불식시켰으며 미국의 대중가수 마돈나는 '악녀' 이미지로 새로운 시대의 주도적인 여인상을 제시해 보였다.

그러나 오늘날까지 북유럽지역이 비교적 동등한 남녀의 사회적 지위가 유지되고 있을 뿐 아직도 많은 나라에서 더 많은 여성들의 활약이 요구되고 있다. 하지만 21세기는 분명 '여성들의 세기'가 될 것이라는 데 많은 미래학자들이 동의하고 있다. 진정한 여성들의 성공시대는 이제부터 시작인 셈이다.

흑인민권운동

1619년 미국 버지니아의 제임스타운에 흑인노예 20명이 도착하였다. 이들은 북미대륙에 발을 디딘 최초의 흑인이었다. 초창기 미국 흑인들은 백인가정에 계약하인으로 고용되었을 뿐, 법적 지위는 백인 하인들과 별 차이가 없었다. 그러나 남부지역의 기후와 토양이 면화나 담배와 같은 작물재배에 적합하고 그 수익성이 높다는 사실이 알려지자 점차 대규모 농장으로 흑인들에 대한 수요가 확대되었다. 결과적으로 노예노동의 가치를 새롭게 인식하게 되면서 노예의 수요는 급격히 증가했다. 17세기 말엽에 이르러서 남부에서 노예제도가 공식적으로 인정된 이후 미국에서의 흑인수난사는 시작된다.

미국은 영국에서 건너온 청교도들이 중심이 되어 '자유'와 '평등'의 이름으로 세운 나라다. 그들을 싣고 온 메이플라워호는 인류를 구원할 노아의 방주였고 그들이 도착한 신대륙은 전세계인의 희망의 땅이었다. 그런데 역설적으로 이 선택받은 대지에서 인류 역사상 가장 잔혹한 노예제가 유지되었던 것이다. 1865년 남북전쟁의 결과 노예해방령이 내려졌을 때 한때의 종주국 영국에서는 이미 노예무역이 금지된 지 거의 한 세기가 지난 후였다. 이후 1875년 재건의회가 통과시킨 민권법은 모든 시민들이 운송수단이나 숙박업소, 극장 그리고 공공시설에서 차별 없이 동등한 대우를 받을 권리를 규정하였다. 그러나 이도 잠시뿐 보수적 대법원은 민권법을 무효화시켰다. 곧이어 해방 흑인에게 평등한 보호를 보장하는 법률과 이를 공식 문서화한 수정헌법 14조를 폐지하고, 흑인의 신분을 과거로 되돌려 남부에서의 인종분리를 정당화시킨 소위 '짐 크로우 법안'을 마련하게 된다. 이는 1950년대 흑인 민권운동이 시작되기 전까지 70여 년간 미국 사회의 특이한 인종 관계를 형성한 주요 법안이 되었다.

대부분의 공공기관과 운송시설은 물론이고 공원이나 화장실 등 어디를 가든지 흑인과 백인의 출입구가 달랐다. 심지어 법정에서 증인으로 선서를 할 때도 흑인은 백인과 다른 성서에 손을 얹어야만 했다. 이러한 흑인들의 생활이 어떠했을지는 미루어 짐작할 수 있을 것이다.

흑인들의 분노와 저항이 조직화되고 사회적으로 역량을 발휘하기 시작한 것은 1960년대부터였다. 그 이전 이미 자유와 평등에 대한 항거는 계속되어왔지만 마틴 루터 킹의 등장은 흑인들의 힘과 정신을 하나로 묶는 역할을 하였다. 킹 목사의 흑인 저항운동에 대한 접근방식은 비폭력 원칙에 입각한 것이었다. 직접적인 공격을 받더라도 소극적인 저항으로 맞선다는 것이었는데, 이는 인도의 민족주의자 간디의 가르침과 헨리 데이빗 소로우의 시민 불복종 원리, 그리고 기독교 교리가 결합된 것이었다. 킹 목사의 온건하고도 합리적인 지도력은 흑인들의 단결을 강화시켰음은 물론 양식 있는 백인들의 지지를 얻어내어 마침내 70여 년간 계속된 짐 크로우 체제를 무너뜨리게 되었다.

흑인에 대한 노골적 차별행위는 1960년대 민권운동으로 결국 끝을 맺게 된다. 1964년 민권법안이 채택되어 공공시설에서 흑백분리가 금지되고, 학교에서 흑백 간 통합이 이루어졌으며, 고용에서의 차별도 폐지되었다. 1965년에는 흑인들에게도 투표권이 인정되어 정치적 평등이 실현되었다. 흑인들의 저항의식과 결집된 힘이 '자유는 주어지는 것이 아니라 쟁취하는 것'이라는 진리를 확인시키며 새로운 역사를 쓰게 만들었다.

아직도 흑인문제는 미국사회의 큰 오점으로 남아 있지만 연예계와 스포츠계에선 블랙파워를 무시할 수 없을 만큼 성장하였다. 새롭게 시작된 세기는 흑인들에게도 성공시대를 예감케 하고 있다.

새로운 조류, 뉴에이지

뉴에이지

성공학을 연구하는 많은 사람들이 성공의 필수요소로서 '신념'을 내세운다. 실제로 인간은 신념체계의 변화 없이는 행동과 실천의 변화를 이끌어낼 수 없다. 인간의 신념 형성에 영향을 미치는 요소 중 빠뜨릴 수 없는 것이 바로 종교의 역할이다. 종교는 그 특색에 따라 프로테스탄트와 같이 인간의 세속적 삶과 적절한 타협을 이룬 것이 있는가 하면, 현대에 이르러서도 여전히 인간의 삶을 통제하려드는 근본주의적인 것들도 있다.

오늘날 현대 성공학이 프로테스탄트의 성립에 그 뿌리를

둔다고 볼 때 제2차세계대전 이후 서구사회에서의 종교적 신념의 변화는 주목할 만하다. 20세기 들어 두 번의 세계대전을 치른 인류는 곧 자본주의의 맹주 미국과 공산주의의 패자 소련으로 나뉘어 냉전 체제를 구축하게 된다. 소련으로 대표되는 공산주의권은 유물론과 평등에 대한 경직된 이념이 지배하는 사회였으므로 '성공'이란 개념 자체가 있을 수 없었다.

한편 미국은 제2차세계대전의 승리 후 자본주의 사회 내에서 슈퍼맨과 같은 위치를 점령하게 된다. 이는 다양한 형태로 비공산주의 문화권에 미국의 문화를 전파하는 역할을 하기도 했고 한편으론 자본주의 사회의 내로라하는 두뇌들이 미국으로 몰려드는 계기가 되기도 했다. 아이비리그로 대표되는 미국의 대학들이 우수한 젊은이들을 유치했음은 물론, 동양의 구루들이 더 넓은 세계의 포교를 위해, 혹은 정치적 탄압을 피해 아메리카로 몰려들기 시작했다. 이는 제2차세계대전 후 서구사회에서 기독교의 급속한 퇴조와 맞물려 새로운 종교적 현상으로 발전하게 된다.

1968년에 이르러 폭발적으로 드러난 서구 젊은이들의 구시대 문화에 대한 저항은 종교에 있어서도 예외는 아니었다. 뉴에이지로 통칭되는 이 새로운 문화운동은 다양한 종교적 교리와 체험을 포괄하고 있으므로 단정적으로 성격을 규명하기는 쉽지 않다.

우선 뉴에이지라는 어원 자체는 점성학에 기반을 두고 있다. 점성학에 있어 현대는 물고기자리에서 물병자리로 옮겨가는 과정이라고 보고 있다. 이는 지구와 그 안에 거주하는 인간에게 있어 엄청난 영적 변화를 요구하는 시대라고 해석된다. 약 이천 년간 지속된 기독교의 시대는 끝났으며 우주적 차원의 질서로 편입될 것을 믿는 이들은 다양한 동양 종교의 이론과 수련에 심취하게 된다. 그런데 이러한 일련의 유사 종교적 활동은 그동안 기독교가 차지하고 있던 서구인들의 신념체계에도 변화를 가져왔다. 일반적으로 뉴에이저들이 가지는 신념체계는 다음과 같은 점에서 기독교와 차이가 있다

순환적 역사관

오늘날의 프랭클린 플래너로 대변되는 기독교적 시간관은 시작과 끝이 있는 직선적 시간관이다. 단 한 번뿐인 기회는 필연적으로 이 생에 대한 강한 집착을 낳는다. '삶은 시간 그 자체다'라는 말을 남겼던 벤자민 프랭클린은 그 일생을 통해 기독교도가 삶을 어떤 식으로 이해하고 사용하려 하는지 보여준 대표적인 사례다. 그러한 기독교적 시간관은 여전히 서구사회에선 유효하다.

그러나 힌두교와 불교 같은 동양 종교의 영향을 받은 뉴에이지 사상은 훨씬 여유로운 삶의 태도를 취한다. 이 생에서의 삶이란 숱한 환생의 고리 중 잠시 머무는 정거장 정도로 인식하므로 다양한 체험과 현실을 즐기는 방식으로 그를 받아들이게 된다.

성공에 대한 다원적 개념

프로테스탄트에게 있어 삶의 목적은 유일신이 내려준 미션 (소명이라 부르는 천직의식)을 달성하는 과정이다. 부는 그러한 삶의 목적을 달성했는지 여부를 판가름 짓는 중요한 증거이므로 그들은 물질적 풍요에 훨씬 더 집착하게 된다.

반면 뉴에이저들은 삶을 자신의 영혼이 선택한 결과라고 본다. 수많은 환생의 체험은 다양한 삶의 목적을 달성하기 위함이며 이번 생에서 삶의 목적은 사회적 성공이나 물질적 풍요의 성취가 아닐 수도 있다고 생각한다. 그러므로 그들은 자연 속으로 돌아가 집단 농장을 운영하는 형식 등으로 자신만의 성공을 추구하기도 한다.

이런 삶에 대한 근본적인 몇 가지 차이점과 더불어 미국에서는 동서양의 명상법을 혼합한 퓨전 자기계발법이 등장하기도 하고 초월적 존재들과 직접 소통하는 방식이 나타나기도 한다. 오늘날 대표적인 뉴에이저들이 보여주는 새로운 면모를 소개하면 다음과 같다.

채널링(Channeling)

채널링은 일반적으로 접신현상과는 구별되는 새로운 현상이다. 20세기 중반을 넘어서면서부터 일부 사람들이 마치 전파 수신기와 같이 외계로부터 쏟아져 들어오는 메시지를 받아들이는 현상이 나타나게 되었다. 그 메시지의 송신자는 다른 행성의 고차원적 존재인 경우가 대부분이다. 메시지는 뉴에이저들에겐 중요한 말씀과 같은 것이었는데 그들 중 일부는 책으로 출간되거나 채널러들이 세미나를 개최하는 식으로 사람들에게 전파되었다. 마치 구약성경 주인공들의 일화를 보는 듯하지만 성경이 빠져나간 현대 서구인들의 정신세계를 채워주는 역할을 하고 있다.

아바타(Avatar)

문화의 용광로 미국사회가 20세기에 만들어낸 퓨전 자기계발 프로그램이다. 그동안 아시아의 주요 문화수출품이었던 명상이나 심신수련법을 미국 사회가 어떤 식으로 녹여 새로운 상품을 만들어냈는지를 보여준다.

개발자 해리 팔머(Harry Palmer)는 1960~1970년대 젊은 시절을 동양적 정신세계에 심취해 보냈는데 1980년대 중반 그간의 체험을 체계화한 아바타 시스템을 세상에 공개하게 된다. 동양 각국의 명상법 중 장점만을 취한 듯한 이 심플하고도 효율적인 수련법은 그러나 자본주의의 패자 미국의 생산물답게 스타에지라는 회사의 지적소유권으로 속해 있으며 네트워크 마케팅 형식으로 일반인들에게 전수되고 있다. 시스템은 각 단계별로 구분되어 있는데 상위 레벨로 갈수록 프로그램을 이수하는 데 적잖은 비용이 들어 깨달음을 얻기 위해서도 돈이 필요한 것이냐는 비판을 받기도 한다.

성공학의 응용 도구들

자기암시

자기암시는 수많은 성공학, 자기계발에 응용되는 도구지만 또한 가장 잘못 이해되고 활용되는 기법이기도 하다.

현대의 자기암시를 체계화한 사람은 에밀 쿠에(Emile Coue)라는 프랑스의 약사였다. 그는 자신의 환자를 통해 우연히 위약효과(Placebo Effect)를 확인하게 되었고 이를 더욱 발전시켜 자기암시(Autosuggestion)라는 자신만의 암시요법을 창안하게 되었다. 생존시 유럽과 미국에서 그의 사상과 요법이 주목을 받았고 당시로서는 설명하기 힘든 수많은 치료사례를 낳으면서 학계와 종교계로부터 질시의 눈총을 받기도 했다.

에밀 쿠에 자신은 자기암시를 '인간의 정신과 육체에 미치는 상상력의 영향'이라고 정의하였다. 1960년대 맥스웰 몰츠가 사이코사이버네틱스를 주창하기 이전까지 자기암시의 활용 범위와 영향력은 절대적이었다. 약 이십 년간의 임상실험을 끝낸 후 에밀 쿠에는 자기암시의 원리를 다음과 같이 정리했다.

1. 의지와 상상이 부딪칠 경우, 예외 없이 상상이 승리한다.
2. 의지와 상상이 부딪치면, 상상의 힘은 '의지의 제곱'에 비례한다.
3. 의지와 상상이 서로 동의할 경우, 그 힘은 단순히 더해지는 것이 아니라 곱해진 만큼 커진다.
4. 상상은 마음먹은 대로 움직인다.

에밀 쿠에는 수많은 임상결과를 통해 자기암시의 놀라운 위력을 알고 있었기에 이솝이 남긴 '혀는 세상에서 가장 좋은 것과 나쁜 것을 동시에 지니고 있는 것'이란 비유를 사용하며 유의점에 대해서도 말하였다. 에밀 쿠에의 자기암시 기법에 관심 있는 사람들은 다음의 얘기를 귀담아들을 필요가 있을 것이다.

사람들은 늘 노력의 중요성을 외친다. 그러나 잘못된 말이다. 노력은 의지를 의미한다. 의지는 상상과는 정확히 반대의 문으로 즐겨 다닌다. 원하는 문과는 정확히 반대의 문.

자기암시를 행한 결과가 만족스럽지 못한 경우는 대체로 두 가지 이유에서이다. 하나는 확신이 부족한 경우이고 다른 하나는 '노력'을 했기 때문이다. 물론 후자가 더 흔한 경우이다.

암시를 통해 좋은 결과를 얻기 위해서는 '노력하지 않기'가 절대적으로 필요하다. 노력, 즉 의지의 산물은 꼭 피해야 한다. 상상으로 길을 돌려야 한다.

나폴레온 힐 이후 수많은 동기부여 강사들이 긍정적 신념강화 등을 위한 주요 기법으로 자기암시 기법을 활용하였다. 그러나 실패에도 굴하지 않는 강한 신념과 의지, 끈기 있는 노력 등을 지나치게 강조할 경우 자기암시 기법은 에밀 쿠에의 경고처럼 잘못 활용될 여지가 있다. 에밀 쿠에의 이론에 따르면 성공인이란 일반인들의 인식과는 달리 강철 같은 의지로 다져진 완고한 인간상이 아니라 역경과 고난 속에서도 어린아이 같은 상상력을 잃지 않는 인물인 것이다.

신경언어프로그래밍(NLP, Neuro-Linguistic Programming)

신경언어프로그래밍은 1970년대 미국 서부의 자유롭고 실험적인 분위기에서 개발되었다. 오늘날 광범위한 분야에서 다양한 용도로 많은 영향을 미치며 활용되는 이 기법은 뜻밖에도 당시 20대의 대학생으로부터 연구가 시작되었다. 수학과 학생으로 컴퓨터에 심취해 있던 리차드 밴들러(Richard Bandler)는 컴퓨터의 작동방식으로부터 영감을 얻어 탁월한 업적을 이룩한 사람의 사고 체계와 행동양식을 모방한다면 동일한 결과를 얻을 수 있을 것이라고 생각했고 이것이 오늘날 NLP의 기초가 되었다.

한편 같은 대학 언어학 교수였던 존 그린더(John Grindler)는 인간의 생각과 행동 뒤에 숨겨진 문법을 발견하는 데 몰두하고 있었는데 그 관심사를 심리학으로까지 넓히고 있었다. 서로의 연구 주제가 비슷함을 발견한 두 사람은 새로운 '변화의 언어'를 개발하기 위해 비언어적인 행동을 모방하는 자신들의 능력과 컴퓨터 과학과 언어의 기술들을 결합시키기로 했다. 1976년 봄, 장시간의 연구를 끝낸 두 사람은 자신들의 작품에 신경언어프로그래밍이라는 이름을 붙이기에 이른다. 이후 신경언어프로그래밍은 두 사람의 손을 떠나 많은 이들에 의해 창조적으로 변형되고 발전되어 오늘날에 이르고 있다.

오늘날 신경언어프로그래밍은 스포츠, 기업홍보, 마케팅과 학습, 상담 치료 등 광범위하게 사용되고 있는데 특별히 성공학 분야에선 앤서니 라빈스라는 슈퍼스타를 탄생시키는 계기를 제공하였다. 이러한 신경언어프로그래밍의 이론과 기법은 몇 가지 중요한 전제조건에 기반을 두고 있다. 그 중 기억해야 할 몇 가지 원칙을 소개하면 다음과 같다.

1. 지도는 영토와 다르다.

   우리는 세상에 대한 지도를 각자 두뇌 속에 갖고 있다. 지도는 현실 속 영토의 한 '상징'일 뿐 그 자체일 순 없다. 우리는 각자 사실(영토)을 주관적으로 해석(지도)하고 있으며 그 각자의 잘못된 해석이 고통의 근원이 되기도 하고 자신의 한계로 작용하기도 한다. 즉, 우리는 외부 세상에 직접 반응하는 것이 아니라, 우리의 정신적인 지도에 의해 반응한다는 것이다

2. 만일 누군가 할 수 있는 일이라면, 다른 그 누구도 할 수 있다.

   NLP의 공동 개발자 중 한 명인 리차드 밴들러는 컴퓨터로부터 많은 영감을 얻었다. 두 대의 컴퓨터 하드웨어(육체)에 동일한 소프트웨어(사고체계)를 인스톨링했을 경우 동일한 기능을 수행하는 것처럼 인간의 행동양식도 동일한 두뇌사용 방식을 따를 경우 동일한 결과를 산출할 수 있다는 것이다. 이는 곧 모델링(흉내내기) 기법으로 발전되었으며 오늘날 NLP의 중심을 이루는 기법으로 활용되고 있다.

3. 마음과 몸은 같은 시스템의 일부이다.

   신체는 정신에 반응한다. 정신 또한 신체상태에 영향을 받는다. 우리는 어느 한쪽을 변화시켜 문제 있는 다른 한쪽도 변화시킬 수 있다.

4. 사람들은 이미 필요한 모든 자원을 가지고 있다.

우리는 외부로부터 전해오는 감각자료들에 대해 주관적으로 해석할 수 있고 그것을 우리의 발전을 위해 사용할 수 있다. 우리의 신체감각, 정신적 이미지 등은 모두 우리의 발전을 위한 기초가 되며 그 통제권의 회복이야말로 성공을 위한 밑바탕이 된다.

5. 우리는 의사소통하지 않을 수 없다.

우리는 언어에 의해서만 의사소통한다고 생각하기 쉽다. 그러나 실제 의사소통에 있어서 한숨이나 미소, 눈빛과 같은 비언어적인 요소가 차지하는 비중이야말로 절대적이다. 심지어 우리는 자기 자신과도 의사소통하고 있다.

6. 실패란 없다. 다만 피드백이 있을 뿐이다.

인간의 인생에 있어 순간적인 시련이 있을 뿐 그것으로 게임이 끝난 것은 아니다. 우리는 할 수 없는 또한 가지 방법을 찾아낸 것에 불과하며 다른 방식으로 새롭게 접근할 수 있다.

영감을 준 기계문명

　고래로 동서양 현자들의 영감의 원천은 자연이었다. 인간은 자연을 떠나서는 생활할 수 없었고 그 변화무쌍하면서도 일정한 모습은 경외의 대상이었다. 현자들은 때론 어머니처럼 풍요를 베풀고 때로는 엄한 아버지처럼 분노하는 자연으로부터 조화와 상생의 원칙을 찾고자 했다. 이는 성공의 원칙을 찾는 자들에게 있어서도 예외는 아니었다.

　초기 성공학의 개발자들은 주로 청교도적인 자연관에 충실한 사람들이었다. 그들은 계절의 변화와 일출과 일몰에서 영감을 얻었다. 정직한 농부들의 땀방울이 풍성한 수확의 근원이라고 생각했으며 긍정적인 사고를 물질적 풍요의 씨앗으로 보았다. 이러한 발상이 현대 자본주의 정신은 물론 서구사회,

특히 자본주의의 패자 미국의 번영을 가져왔음은 분명한 사실이다.

그러나 인간의 역사는 반드시 정신세계의 발달이 물질세계의 발전을 견인하지는 않았음을 보여준다. 종교개혁 운동은 이전에도 시도되었으나 마르틴 루터 대에 와서 성공할 수 있었던 것은 당시에 발명된 인쇄기술 덕이었다. 즉, 인간의 정신세계는 자신들이 발명한 문명의 이기들로부터 역으로 영향을 받기도 한다는 것이다.

20세기 들어 그 이전과는 비교할 수 없는 정도의 놀라운 발전을 이룩한 과학문명은 여러 형태로 인간의 정신세계에 영향을 미치게 되고 성공학의 역사에서도 중대한 변화를 일으키게 된다.

유도탄

인류 최초의 로켓은 12세기경 중국에서 발명되었다. 이것은 13세기 이탈리아로 전해진 후 14세기에 이르러서는 유럽의 모든 국가에서 사용하게 된다. 이후 서구의 과학문명은 동양을 크게 앞질러 나가기 시작했는데 대량 살상무기에 있어서도 마찬가지였다. 18세기 말 영국이 인도를 공격할 당시 로켓의 위력은 재확인되었고 유럽에서는 다시금 로켓에 관심을 갖게 되었다.

20세기 들어 인류는 두 번에 걸친 세계대전을 치르게 된다.

이는 인간의 과학문명이 자신을 이롭게 하는 것만은 아니라는 것을 새삼 깨우쳐 주기도 했지만 또한 과학문명을 한 차원 발전시키는 계기가 되었다. 그러나 제2차세계대전이 끝나자마자 초강대국 미국과 소련은 냉전을 시작하게 되고 인류는 여전히 자신의 운명을 단축하는 과학문명을 계속해서 생산해내게 되었다.

이 시기를 거치면서 미사일 기술도 당시 새로운 역사를 시작한 컴퓨터 개발에 영향을 받게 된다. 이미 제2차세계대전 중 독일에 의해 시작된 초보적인 유도기술은 컴퓨터의 자기제어 기술의 개발로 보다 정밀하게 목표물을 추적하는 시스템을 발명해내게 된다. 이런 유도기술의 개발은 많은 과학자들의 영감을 자극하게 되었다. 기존의 소총이나 미사일이 고정된 목표물을 향해서만 사용할 수 있었던 반면 유도탄은 움직이는 목표물을 향해 계속해서 자기궤도수정을 하며 추적해 나갔다. 바로 그러한 자동유도 시스템이야말로 인간두뇌의 본질이 아닐까 하는 공감대가 과학자들 사이에서 자연스럽게 형성되기 시작했다.

성형외과 의사로서 과학적 소양이 풍부했던 맥스웰 몰츠도 그들 중 하나였다. 그는 모든 신의 창조물에겐 자기보존을 위한 프로그램이 내장되어 있다고 생각했다. 갓 태어난 동물이 아무런 학습과정 없이 어미의 젖을 빨거나 본능적으로 자신에게 필요한 영양소를 찾아내는 행위는 바로 그러한 메커니즘이 존재한다는 증거였던 것이다. 동물들이 그러하듯 인간 또한 자기 발전적 목표를 향한 자동유도장치가 두뇌 속에 내장되어 있다고 생각했다. 그래서 인간의 성공이란 결국 숱한 궤도수정(시행착오를 통한 피드백)을 통한 목표달성의 과정이라고 보았던 것이다.

그에 따르면 많은 사람들이 생각하는 실패란 잠시의 궤도이탈에 불과하다. 인생은 단막극이 아니며 끊임없는 현재진행형이다. 우리는 이미 우리의 성공을 추적할 메커니즘을 가지고 태어났으니 인간에게 있어 성공이란 결국 생명 본연의 임무를 달성하는 과정인 셈이다.

컴퓨터

인간은 이미 5천여 년 전부터 수치계산을 위한 도구, 즉 주판을 만들어 사용했다. 이러한 원시적인 계산기는 1642년 프랑스 파스칼에 의해 8개의 톱니바퀴를 직렬로 연결시켜 덧셈과 뺄셈이 가능한 계산기로 발전되었고 1673년 독일의 라이프니츠가 파스칼의 가감승제는 물론이고 평방근까지 계산할 수 있는 계산기를 탄생시켰으나 널리 쓰이지는 못했다.

현대 컴퓨터의 기본개념을 정립한 사람은 영국의 찰스 배비지로 1823년 계차기관을 제작하였고 1833년에는 수학 상의 어떤 계산도 자동으로 할 수 있는 세계 최초의 자동계산기인 해석기관을 고안하여 현대적인 컴퓨터의 개발에 기여하였다.

20세기에 접어들면서 계산기는 급속한 발전을 거듭하여 전

자기계식 컴퓨터가 제작되기 시작했다. 특히 1940년대 인간의 두뇌기능을 모방한 컴퓨터가 제작되면서부터 하루가 다르게 그 기능이 향상되어 현재는 개인용 컴퓨터가 일반화되기에 이르렀다. 이러한 컴퓨터의 발명은 인간 두뇌의 사용방식에 대해서도 새로운 영감을 주었는데 특별히 성공학 분야에선 NLP 이론의 성립에 많은 영향을 미치게 된다.

NLP의 개발자 중 한 명인 리차드 밴들러는 컴퓨터에 심취한 대학생이었다. 그는 소프트웨어의 선택에 따라 전혀 다른 기능으로 작동하는 컴퓨터를 보고 인간 두뇌도 적절한 사용방식에 따라 단시간에 변화할 수 있다고 생각했다. 그는 성공한 사람과 동일한 방식(동일한 소프트웨어)으로 일할 경우 그들과 같은 결과를 이끌어낼 수 있다고 생각했는데 이는 모델링(Modeling)이라는 기법으로 발전되어 LNP의 주요 기법을 이루게 된다. 이는 NLP의 전제에도 도입되어 '만일 누군가 할 수 있는 일이라면, 다른 그 누구도 할 수 있다'라는 원칙으로 남아 있다.

영화

19세기 말에 이르러 사진의 약점을 극복하는 '영화'의 발명이 서구 각국에서 동시다발적으로 일어나게 된다. 프랑스인 뤼미에르 형제는 1895년 다수의 대중이 함께 볼 수 있는 영화를 발명했는데 오늘날 영화의 역사는 여기에서부터 시작되는 셈이다. 이를 통해 프랑스 영화는 오늘날까지도 독특한 입장을 간직할 수 있는 계기를 마련하게 되었다. 그러나 에디슨은 이보다 일 년 늦게 비타스코프라는 영화기를 발명해냈고 미국의 거대자본은 20세기에 들어서면서 자국의 영화산업을 다른 나라와 비교될 수 없는 독보적인 존재로 만들었다.

영화는 한때 미국의 4대 산업 중 하나에 속할 만큼 큰 성장을 하게 되었고 할리우드는 영화산업의 메카일 뿐 아니라 미국문화 패권주의의 첨병노릇을 하였다. 영화산업의 발전은 당연히 영화기기와 제작기술 등의 발전을 수반하였다. 초창기 흑백의 무성영화는 차츰, 유성영화와 칼라영화로 발전하게 되었다. 기술적 발전은 가공의 이야기를 생생한 현실처럼 만들어냈고 카메라의 각도나 음향효과 등에 따라 관객들은 다양한 반응을 보였다. 그런데 이러한 영상기술의 발전은 성공학의 기술적 진보에도 영향을 미치게 된다.

성공적인 인생을 살기 위한 조건으로 상상력의 중요성은 이미 고전적인 성공학에서도 강조하고 있다. 그러나 초창기 원칙론 중심의 성공학은 그 중요성의 강조 외에 구체적 방법론의 제시는 미약했다. 하지만 20세기 들어 눈부시게 진보한 영화산업은 인간 상상력의 활용방법에 많은 'How to'를 제시했다.

성형외과 의사로서 당대 문명의 이기에 해박한 지식을 갖고 있었던 맥스웰 몰츠는 유도탄의 자기통제 메커니즘에서 성공의 원리를 떠올렸고 영화기법으로부터 구체적 방법론을 이끌어냈다. 그는 반복되는 시각화가 인간두뇌의 새로운 프로그래밍을 가능케 한다는 것을 알고 있었다. 그래서 그는 아예 정신적으로 영화관에 가서 자신이 원하는 장면을 영화로 제작해 반복해서 관람할 것을 가르쳤다. 이러한 그의 방식은 스포츠계에서 탁월한 성과를 나타내었다.

영화기법의 정신과학적 응용은 1970년대 신경언어프로그래밍의 성립과 함께 다시 한번 도약하게 된다. NLP의 개발자들은 공포증 환자들을 치료하면서 한 가지 새로운 사실을 깨닫게 되었다. 그들은 자신들의 공포상황을 매우 주관적으로 체험하고 있었던 것이다. 즉, 자신을 괴롭히는 상황 속에 들어가 주인공으로 생생하게 재체험을 하는 것이었다. 자신의 모습을 객관화시켜 관람자의 입장에서 영화를 보듯이 하면서 선명한 칼라보다는 흑백으로, 음향은 작게, 그리고 각도를 멀리 할수록 공포증에서 멀어져 갔다.

반면 잦은 실패의 경험으로 자아가 약하고 부정적인 사람의 경우 원하는 미래와 자신의 모습을 생생한 칼라 화면으로 하고 원하는 상태로 편집한 후 주인공 속으로 들어가게 하였는데 이는 곧 미래에 대한 강한 긍정적 태도로 나타났다.

마치 능숙한 영화 편집자를 연상케 하는 이러한 기법은 탁월한 성과를 이루며 초창기 신경언어프로그래밍의 주요기법으로 자리잡게 된다.

정체한 역사의 땅, 아시아의 처세술

중세의 암흑을 벗어난 서구사회는 과학문명을 앞세워 눈부시게 성장하기 시작했다. 그러나 그들에게 있어 해가 뜨는 땅으로 인식되었던 동방의 찬란한 문명들은 여전히 종교적 권위에 짓눌리거나 끝없이 과거를 뒤돌아보는 식으로 정체되어 있었다. 아시아에선 일본만이 앞서나가는 서구의 제도와 물질문명을 받아들였을 뿐 오랜 문명의 종주국들은 서구의 지배 하에 놓이는 신세가 되고 말았다. 서구사회가 종교개혁을 바탕으로 자본주의 정신을 확립해 나간 반면 이슬람 문명과 인도문명은 종교의 깊은 질곡에서 헤어 나오지 못했다. 각자의 삶은 자신의 종교적 신념 하에서 평화로웠을지 모르나 세속적의미에서의 '성공'은 그 의미 자체가 성립될 수 없었다. 더구나 인도문명의 경우 아직까지 엄격한 신분차별의 잔재가 남아 있어 시구인들이 가지는 성공의 기회는 상상하기도 힘들다.

하지만 아시아는 많은 종교의 고향답게 다양한 심신수련법을 개발해내기도 했다. 비록 최초의 의도와는 다르겠지만 오늘날에는 다이어트, 스트레스 해소 등의 목적으로 서구사회에서도 많은 인기를 끌고 있다. 그러나 이런 심신수련용 자기계발법 이외에 서구와 같이 성공을 위한 체계적인 시스템은 발달할 수 없었다. 그들에게는 관심 밖의 일이기도 했고 사회적 여건을 마련하지 못했기 때문이기도 했다.

중국의 과거제도

이슬람이나 인도문명권과는 달리 중국을 중심으로 한 동아시아 지역은 종교의 지배로부터 비교적 자유로웠다. 동아시아인들의 정신을 지배하고 있던 유교는 서구적 잣대로 봤을 때 종교가 갖춰야 할 필수적인 요소를 결여하고 있었다. 그것은 바로 초월적인 신의 존재였다. 물론 유교에서도 조상에 대한 숭배가 존재하지만 기독교나 이슬람교의 유일신 교리는 물론이고 다신교인 힌두교와도 비교하기 힘들다. 그만큼 유교문명은 초월적이기보다는 현세중심의 사고체계였다. 이러한 유교문명이 과거라는 진보한 사회 시스템을 서구사회보다 앞서 개발한 것은 당연한 것이었다.

과거제도는 오늘날 근대 문명국에서 실시하는 고등고시제

도의 시조라 할 수 있다. 중국은 일찍이 한나라 때부터 과거를 실시하였는데 관리들에게 높은 수준의 지식과 교양을 겸비할 것을 요구하였기 때문에 플라톤이 주장했던 철인정치에 가까웠다. 한나라 때는 선발의 기준을 덕행에 두었는데 선정의 기준이 지극히 주관적이고 정실(情實)에 끌리기 쉬운 단점이 있었다. 수나라 시대에 들어서면서 객관적이며 보다 공평한 시험을 통하여 재능위주의 선발방식으로 과거가 개편되었다. 중국은 이민족의 지배를 받았던 시기가 길었던 탓에 과거가 중단되는 경우도 있었지만 청대에 이를 때까지 과거는 기본적으로 지속되었고 우리나라의 역사에도 영향을 미쳤다.

이러한 과거제도는 특수 천업종사자들을 제외하고는 그 응시자격에 제한이 없었다. 이는 곧 사회적 신분의 이동에 상당한 유동성이 있었음을 의미한다. 17~18세기에 이르러서야 시민혁명을 쟁취해낸 서구사회에 비하면 동아시아의 과거제도는 일찍부터 개인에게 사회적 성공의 기회를 제공한 셈이다.

처세술 고전

중국은 오랜 역사의 나라다. 한자라는 고유의 문자를 발명해 기록을 남기기 시작한 이후 중국은 숱한 영웅과 간신 등의 인간군상을 역사에 남겼다. 땅이 넓고 인구가 많을 뿐 아니라 분열된 국가로 존재했던 시기 또한 짧지 않아 그들의 역사서는 그 어떤 픽션보다 다양한 삶의 모습들을 보여준다.

서구인들의 직선적 역사관과는 달리 다소 순환적인 역사관을 가신 중국인들은 미래의 성공 또한 과거의 역사를 통해 준비하고 획득할 수 있다고 보았다. 그래서 유교적 이상을 실현할 꿈을 가진 젊은 관리나 난세의 영웅을 꿈꾸는 한량들은 역사서와 역사소설 등을 통해 처세술을 익히고자 했다.

　또 서구의 역사가 점진적으로 개인의 권리가 확대되고 시민을 존중하는 방향으로 발전된 것과는 달리 중국에서는 오래도록 권위적인 정치와 민란 등이 끊이지 않았다. 이러한 정치적 불안정은 삶에 대해 적극적인 성취를 추구하기보다 난세에 살아남는 방법, 즉 소극적인 의미에서의 처세에 비중을 두는 형태로 발전하게 된다.

　동양의 처세술 고전 중 빠뜨릴 수 없는 것은 병법과 무술지략서이다. 중세 이전까지 수천 년간 서구에 비해 앞서가는 문명이었던 중국은 병법에 있어서도 다양한 지략과 기록을 남겼다. 또 총과 대포 등 현대적인 무기의 개발로 고전적인 격투술의 효용이 낮아졌음에도 동아시아에서는 이를 선불교의 수행 방법과 결합시켜 무도의 차원으로 발달시켰다.

　아시아의 병서와 무술지략서는 오늘날 서구의 냉혹한 비즈니스 세계에서 영감을 얻기 위한 책으로 읽히기도 한다.

『사기 史記』

　전한 시대의 인물 사마 천이 저술한 역사서로 중국뿐 아니라 주변 이민족의 역사까지 포함하는 세계사적인 통사이다.

합리적으로 믿을 만한 사료만을 취하여 기록한 열전은 고대 중국의 다양한 인간군상의 모습을 보여준다. 무엇보다 거세당한 남자의 붓끝에서 뿜어 나오는 서릿발 같은 힘은 '역사적 성공'이 '현세적 성공'보다 중요함을 가르쳐준다.

『한비자 韓非子』

한비자는 중국 전국시대 말기 한나라 사람 한비와 그 일파의 저술이다. 순자의 성악설을 바탕으로 한 이 책은 후대 유가로부터 냉혹하고도 잔인한 술책이라는 비난을 받았다. 그러나 법을 독립된 고찰대상으로 삼고 일종의 유물론과 실증주의에 의하여 독자적인 사상체계를 수립함으로써 법형제도에 강력한 영향을 끼친 점은 부인할 수 없다. 허황된 명분론에 빠져들기 쉬운 유가의 단점을 보완해 주는 실용서로서 동양의 마키아벨리라고 부를 만하다.

『삼국지연의 三國志演義』

젊어서는 삼국지를 읽고 늙어서는 삼국지를 읽지 말라고 할 만큼 부연설명이 따로 필요 없는 동양의 고전이다. 전편에 걸쳐 유가적 가르침이 배어 있는데 재미있는 것은 시대적 변화에 따라 등장인물의 선호도가 달라진다는 것이다. 오늘날의 젊은이라면 유비보다 조조의 활약상을 눈여겨보는 것이 유익할 것이다.

『채근담 菜根譚』

동양의 대표적인 처세서라 할 만한 책이다. 중국 명나라 말기 사람으로 환초도인이라 불렸던 홍자성이 저술하였다. 이 책의 특징은 유불선 삼교가 고루 녹아 있다는 점이다. 그러나 저자가 나이 든 노인인 탓에 노인처세라는 평을 받기도 하는데 성취지향적인 서양의 성공학 서적과는 많은 차이를 보인다. 오랜 분열의 역사와 민란이 끊이지 않았던 중국에서 발달할 수 있었던 처세술의 한계를 드러내는 것이다.

『손자병법 孫子兵法』

손자가 누구인지에 대해서는 두 가지 설이 있다. 춘추시대 오나라 사람 손무라는 설과 손무의 후손으로 진나라 사람 손빈이라는 설이다. 노자의 사상이 짙게 배어 있어 병법서라고 하기에는 특이할 정도로 비호전적이다. 리더십과 인사 등에 관한 깊은 영감을 제공해 주므로 군대를 벗어나 현대 비즈니스의 세계에서도 널리 읽힌다.

『오륜서 五輪書』

일본의 전설적인 검객 미야모토 무사시가 말년에 남긴 지략서이다. 생사를 건 결투에서 체득한 깨달음은 인생에서 만나는 숱한 라이벌과의 경쟁에서 우위를 점할 수 있는 지혜를 준다. 또한 유가적 처세를 벗어난 일본인들의 실용적 사고의 뿌리를 보여준다.

21세기 한국에서의 성공학

코리안 드림

　제2차세계대전 후 한반도의 남단은 자본주의의 패자 미합중국의 영향권 아래 들게 되었다. 왕조국가에서 식민지로, 그리고 다시 미국식 제도를 받아들인 민주국가로 숨 가쁘게 변모하는 과정에서 국민들은 숱한 지위의 부침을 겪었다. 신생 대한민국은 서구사회와 불과 이삼십 년의 차이밖에 나지 않는 여성참정권의 역사를 실현하였고 1948년 남한 단독으로 민주정부를 수립하였다.

　이러한 사회 시스템의 급격한 변화는 많은 혼란과 더불어 사회적 지위의 엄청난 유동성을 제공했다. 그러나 미군정에서 제1공화국의 성립에 이르기까지 가장 많은 사회적 성공의 기회를 누린 자들은 식민지 시절 관리로서의 경험이 있는 자들이었다. 대부분의 국민들이 피지배인의 신분을 벗어나지 못했음에 비해 일부 인사들은 일제의 정책에 앞장서며 공동체의 이익과 반하는 형식으로 자신의 성공을 취했다. 오늘날 한국사회에서 성공이라는 단어가 부정적 뉘앙스로 받아들여지는 것도 이러한 현대사의 굴곡에서 연유했으리라 추정할 수 있다.

1960년대 들어 제3공화국의 시대가 열리면서부터는 한국의 육군사관학교가 코리안 드림을 실현하는 인큐베이터의 역할을 했다. 군인들에 의한 강력한 경제개발 계획의 추진은 그 성과와 부작용에 대해 많은 논란이 있지만 농업중심의 사회에서 공업중심의 국가로 한국사회를 급격히 변화시켰다.

이 시기에 사회적으로 가장 크게 성장한 집단은 전통적으로 조선에서 천시되던 상인계층(기업가)이었다. 근대적 자본은 일제시대부터 형성되기 시작했는데 이 무렵의 대표적 기업으로 두산, 화신, 경방 등을 들 수 있다. 하지만 숨 가쁘게 변모해온 대한민국의 현대사는 기업인들에게도 쉼 없는 변화를 요구했고 한국전쟁을 지나면서 상업자본은 본격적인 산업자본으로 변모하기 시작했다. 오늘날 한국의 대표적 기업인 삼성을 창업한 이병철은 상업자본에서 산업자본으로 가장 발 빠르게 전환한 인물이었다. 전통적인 사농공상의 계급질서는 완전히 무너졌고 군인과 더불어 공업인과 상인계층의 역전 현상이 두드러지게 나타났다.

이 급속한 변화에 적응하지 못해 한때 조선 제일의 갑부 칭호를 듣던 화신의 창업자 박흥식과 같은 인물은 역사의 뒤안

길로 사라졌으며 이를 대체할 신흥 갑부들이 등장하기 시작했다. 정주영, 신격호, 김우중, 최종현 등은 개발연대를 이끌며 '한강의 기적'을 실천한 주역들이었다. 훗날 피터 드러커에 의해서 20세기 최고의 기업가 정신의 소유자로 평가받은 이들은 프로테스탄티즘에 근거한 서구의 자본가들과는 현저히 다른 유교적 자본주의를 구현해냈다. 그들은 종업원들과의 관계를 부자관계, 혹은 군신관계와 유사한 개념으로 이해했고 엄한 아버지와 같이 그들을 대하였다. 권위적인 정치상황과 맞물려 1980년대까지 이러한 경향은 지속되었다.

그러나 고속성장을 구가하던 한국사회에도 1980년대 후반부터 많은 변화의 기운이 감돌았다. 국내에서는 성장의 과실을 분배할 것을 요구하는 목소리들이 커져갔고 세계사적으로는 공산주의가 서서히 막을 내렸다.

1990년대에 들어서자 평범한 일반 시민들도 자신을 중산층으로 자부하게 되었다. 외신은 한국사회가 샴페인을 너무 일찍 터뜨렸다는 경고를 하기도 했지만 좁아진 세계를 실감하며 많은 국민들이 해외여행을 즐기기 시작했다. 1990년대 중반 태풍전야처럼 일시적인 호황을 맞으며 절정을 구가하던 보통 사람들의 성공시대는 1997년 IMF라는 한국전쟁 이후 최대의 국난을 맞으며 한 시기를 접게 된다.

한국에서의 프로테스탄트

서구 자본주의의 정신을 성립시키는 데 결정적인 영향을

준 프로테스탄트는 한국사회에서는 독특한 역할을 수행하였다. 오늘날 불교, 가톨릭과 더불어 주류종교의 위치를 차지하고 있지만 개신교의 출발은 앞서의 종교보다 훨씬 늦은 19세기에 들어서부터였다. 앞서 조선 선교를 시작하며 정부와 심한 갈등을 겪었던 가톨릭의 전례 탓에 프로테스탄트도 조선의 공동체를 해체하려는 의도가 있는 것이 아닌가 하는 의심으로부터 자유롭지 못했다.

몇 차례의 선교시도가 조선정부의 거부 혹은 조선 민중과의 충돌(제너럴 셔먼호 사건) 등으로 수포로 돌아간 후 1870년대에 이르러서야 본격적인 선교의 시대를 열었다. 뒤늦은 출발이었지만 우리 역사에서 프로테스탄트는 서구의 신문물을 전파하는 데 커다란 기여를 했다.

미국 장로교 소속 의료선교사 알렌은 1885년 조선정부와 합작으로 최초의 근대식 병원인 광혜원을 설립하였다. 이는 또한 한국 최초의 선교기관이기도 했다. 이 무렵부터 배재학당, 이화학당 등 근대식 학교들이 선교사들에 의해 설립되기 시작했고 이곳에서 교육받은 인재들이 개화시대의 주역으로 활동하게 되었다.

프로테스탄트는 국내 전도 당시의 시대적 상황 때문에 독특한 민족교회의 모습을 띠게 된다. 헤이그 밀사파견이나 을사조약반대운동은 물론 무장독립운동에 이르기까지 기독교도들이 개입하지 않은 일이 없을 정도였다. 이러한 경향은 3.1운동에 이르기까지 계속되었다. 그러나 일제시대를 거치며 1930

년대 중반이 지나자 프로테스탄트는 그 이전과는 비교할 수 없는 극심한 탄압에 직면하였다. 천황제 이데올로기에 강력한 군국주의 파시즘이 결합되어 일원적인 정치체제와 이념을 형성한 일제는 신사참배와 천황숭배 등을 강요하였다. 지속적이고 더욱 강경해지는 일제의 정책 앞에 한국기독교회 주류는 점차 순응하기 시작했다.

그러나 제2차세계대전이 일제의 패망으로 막을 내리고 미군정이 시작되면서 한국 프로테스탄트는 또 한 차례 발전의 계기를 맞게 되었다. 남북한의 분단과 남한지역에 미군정이 시작되면서 그동안 기독교의 교세가 약했던 남한지역으로 급속히 전도되기 시작했다. 남한의 초대 대통령으로는 기독교도인 이승만이 선출되었고 한국전쟁을 거치며 혈맹관계로까지 격상된 미국은 한국사회에 엄청난 영향력을 행사하였다. 미군부대와 더불어 교회는 미국문물을 전파하는 창구역할을 하였다.

제1공화국 당시 기독교인들의 인구비율은 전체대비 5%를 넘지 않았을 것으로 추정되지만 각 부문의 사회지도급 인사들은 약 20%에서 많게는 40%까지 요직을 차지하며 탁월한 지도력을 보였다. 물론 이것은 일제 말기 친일적인 기독교인들을 이승만이 아무런 제제 없이 수용한 결과이기도 했다.

이렇게 부흥의 기회를 맞이한 한국에서의 프로테스탄트는 1960년대 이후 개발연대를 거치며 또 한 번 놀라운 도약을 하게 된다. 이 땅에서 한강의 기적이 연출될 무렵 한국사회는 경제기적만을 이루어낸 것은 아니었다. 정확히 동시대에 한국교회는 선교기적을 이룩해냈다. 고층건물과 초대형 공장이 경제기적의 징표였다면 세계 최대규모의 교회는 선교기적의 증거이자 프로테스탄트가 대한민국의 주류종교의 위치를 점한 증거였다. 이 개발연대 교회의 양적성장은 현세중심의 기복 신앙적 특징을 빼고는 언급할 수 없다.

1960~1970년대 박태선의 전도관, 문선명의 통일교 등 비정통 기독교 종파들이 우후죽순처럼 생겨나기 시작했고 세계에서 그 유례를 보기 힘든 새벽예배가 자리를 잡았다. 또한 노만 빈센트 필, 로버트 슐러 등 미국의 저명한 성공학 저술가이자 부흥목사들의 영향을 받은 젊은 목사들이 두각을 나타내었다. 현세중심적인 한국인들의 성향에 청교도 부흥목사의 역할이 만나서 이루어진 결과였다.

이처럼 한국 프로테스탄트는 개화기의 신문물을 도입한 창구의 역할을 했을 뿐 아니라 성인들에 대한 사회교육이 부실했던 개발연대에 성공학의 세례를 베푼 공간이기도 했다.

기업교육의 시작

1977년 삼성은 국내 처음으로 직원교육을 위한 연수원을 개원했다. 삼성의 창업자 이병철은 '내 일생을 통하여 80퍼센트는 인재를 모으고 교육시키는 데 시간을 보냈다'고 할 만큼 인재제일주의를 실천한 인물이었다. 국내 기업문화를 선도적으로 이끌어 가는 삼성의 이러한 투자는 곧 다른 기업에도 전파되기 시작했고 대기업들은 저마다의 연수원을 건립하게 되었다.

초창기 기업교육은 대학교수들에 의해 시도되었는데 이는 곧 부적절한 선택이었음이 드러났다. 그들의 이론위주의 딱딱한 강의는 직장인들을 위한 실용적인 교육에는 적합하지 않았다. 그래서 결국 기업교육을 위한 전문 강사군이 자연스럽게 형성되었다. 현재 만여 명에 이를 것으로 추산되는 이들 기업교육 강사군 중 이상헌, 유철종 등의 인물이 일세대로 꼽히며 선도적인 역할을 했다.

그러나 미국과는 다른 문화로 인해 이들이 일반인들과 접촉할 수 있는 길은 거의 없었다. 약 400조 원 대에 이르는 것으로 알려진 미국의 자기계발 세미나 시장은 다른 서구 국가에서도 그 비교 대상이 없을 만큼 미국인들의 자기 자신에 대한 투자는 적극적이다. 그러나 한국사회는 자식들에 대한 지극한 교육열과는 판이하게도 성인이 된 이후 자기계발을 위한 투자는 좀처럼 이루어지지 않았다. 대학 이외의 기관에서 성인들을 교육시킬 곳은 사실상 기업밖에 없었던 셈이다. 이렇게 형성된 기업교육 강사군과 프로그램은 개신교 교회와 더불어 한국 성공학의 씨앗을 뿌리고 그 명맥을 이어오는 주요 루트가 되었다.

네트워크 마케팅의 도입

1990년대 들어 한국에도 본격적으로 네트워크 마케팅이 도입되기 시작했다. 그 이전까지 피라미드식 상술이라는 부정적 이미지를 풍겼던 네트워크 마케팅은 암웨이 등 검증된 회사의 국내 상륙으로 점차 회원들의 숫자를 늘려갔다.

네트워크 마케팅의 도입이 한국 성공학에 미친 영향은 일반인들을 대상으로 한 자기계발 교육시장이 형성되는 데 기여를 했다는 것이다. 네트워크 마케팅 자체가 국내에선 생소한 유통기법이었을 뿐더러 하위 조직을 육성할 리더십 능력과 동기부여 프로그램이 절대적으로 필요했다. 이러한 시장상황에 부응하듯 데일 카네기와 스티븐 코비의 프로그램이 1990년대 초부터 국내에 도입되었다. 그 이전까지 기업교육 강사들에 의해 자생적인 성공학의 성립이 시도되었지만 일반인들과 그들이 함께할 기회는 전무했다. 이러한 상황에서 미국에서 교육받고 정식으로 라이센스를 취득한 강사들에 의해 진행되는 고급 프로그램의 도입은 단비와 같았다.

한국 네트워크 마케팅 조직은 IMF를 거치며 회원수를 크게 늘릴 기회를 갖게 되었다. 가장의 급여에만 의지하던 가계구조에 일대 변화가 일며 주부들이 부업을 찾아 나서게 되었고 이를 네트워크 마케팅 조직이 상당부분 흡수하였다. 이렇게 확대된 네트워크 마케팅 조직은 한국인들에겐 익숙지 않은 오디오 테이프를 통한 성공학 강좌 청취, 대중교통 내에서의 자기계발 서적 탐독 등 새로운 변화를 일으키며 자기계발 문화를 만들어 나갔다. 현재 출판시장에서 네트워크 마케팅 조직에 의한 자기계발 서적 구매력은 상당한 비중을 차지하는 것으로 알려져 있다.

여성시대

20세기 한국사회는 역동적인 사회신분의 이동을 보여주었다. 계속되는 전란과 시민혁명 등은 전통적인 양반계층의 몰락을 가져오기도 했지만 안정된 서구사회에서는 상상하기 힘든 성공의 기회도 제공했다. 이러한 사회적 지위의 부침 속에서 한국여성들이 가진 변화는 참으로 엄청난 것이었다.

유교가 주된 이념으로 자리잡은 이후 이 땅은 여성들에게 수난의 지역이었다. 그 오랜 전통이 하루아침에 고쳐질 수는 없는 노릇이었지만 제2차세계대전의 종전과 함께 여성의 지위에도 거대한 변화의 징조가 보였다. 1948년 대한민국의 헌법이 제정되면서 남녀의 평등한 참정권이 인정된 것이다. 1920년에 여성참정권을 획득한 미국과는 30년 가까운 차이가 있지만 1946년에야 여성참정권을 실현한 프랑스와는 불과 2년의 차이밖에 나지 않는 역사였다.

그러나 그것이 곧 여성의 사회적 지위가 남성들과 동등함을 뜻하는 것은 아니다. 구한말 선교사들에 의해 설립된 학교들을 필두로 여성인재 육성을 위한 여자대학교들이 설립되었고 경제개발의 결과 전체여성들의 교육수준이 향상되었으나 그녀들의 사회적 진출은 여전히 미미한 수준에 머무르고 있었다.

한강의 기적이라는 개발연대를 구가할 때도 여성들의 섬세함을 요구하는 일부 생산직을 제외하고 대부분의 한국여성들은 가정의 울타리를 벗어나지 못했다. 그들은 여전히 남편과 아들의 성공을 보조하는 성공의 방외자들이었다.

그러나 1990년대에 들어서면서 변화의 기운이 감돌기 시작했다. 세계가 단일화되면서 더 이상 한국도 여성인력을 방치할 수 없었고 더욱이 출산율의 감소 등은 여성인재의 활용을 불가피하게 만들었다.

하지만 이런 외적인 요인에 앞서 여성들 스스로의 자각이 두드러지게 나타났다. 그 이전의 여성지와는 확연히 구분되는 여성주의적 진보매체가 등장하기도 했고 후배 여성들에게 모델이 될 만한 성공한 여성들의 스토리가 쏟아져 나오기 시작했다. 특히 성공여성 스토리는 성공한 남성들의 그것과는 달리 대부분 아직 젊은 여성들인 경우가 많았다. 어머니 세대에선 도저히 기대할 수 없는 성공모델을 언니들이 대신 제시해 준 셈이었다.

2001년 현재 한국의 여성개발지수는 146개국 중 29위를 차지하며 선진국 수준에 근접하고 있으나 여성권한 척도만큼은 64개국 중 61위에 머물러 아직 여성의 성공시대가 완전히 열리지 못했음을 보여주고 있다.

IMF 그 후

미국에 대공황이 있었다면 한국에는 IMF가 있었다. 그 직전 절정의 풍요를 구가하다가 맞이한 시련이었다는 공통점 외에도 양 국민들의 물질적 풍요나 성공에 대한 관심사를 새롭게 했다는 관점에 있어서도 둘 사이엔 공통분모가 발견된다. 대공황 이후 미국에 나폴레온 힐과 데일 카네기라는 걸출한 성공학의 대가들이 출현한 것은 한편으론 시대적 요청에 부응한 결과였다.

한국사회에서도 대마불사와 철밥통의 신화가 깨어지면서 많은 개인들이 스스로를 구제해야 할 필요성을 느끼게 된 것이다. 미국인들에겐 건국 이후 줄곧 지속되는 자조(Self-Help)의 전통이 대한민국에선 그제야 싹트게 된 것이다. 개발연대에 엄한 아버지의 모습으로, 혹은 군주의 모습으로 종업원을 대하던 기업들은 자신들에게 다가온 위기 앞에서 감원이라는 선택을 하기에 주저하지 않았고 개인에게 있어 그것은 엄청난 배신감으로 다가왔다.

그러나 그것은 한편으로 자신의 삶과 사회에 대해서 많은 생각을 할 기회를 제공했다. 20세기의 봉급생활자란 결국 17세기의 농민에 지나지 않는다는 절실한 깨달음이었다. 많은 이들이 창업과 전직이라는 낯선 단어를 자신의 목표로 인식하게 되었고 자기계발은 그를 위한 필수적인 요소였다.

이러한 경향은 경제신문의 구독률 상승과 더불어 출판시장에서 가장 먼저 나타났다. 각종 재테크 서적과 자기계발에 관련된 책들이 출간 붐을 이루었다. 이와 더불어 한국에서도 서서히 책이 아닌 세미나를 통해서도 지식을 공유하는 사람들이 생겨나기 시작했다. 미국의 경우와는 비교될 수 없지만 일반인들이 자기계발을 위해 시간과 돈을 투자하기 시작한 것이다.

그런데 이런 트렌드를 주도한 것은 인터넷 동호회였다. IMF를 거치며 많은 산업군이 부침을 겪었는데 이 위기 속에서 한국은 세계 최고수준의 정보통신국가로 발돋움하게 되었다. 집집마다 깔린 초고속 인터넷 선을 바탕으로 각 지역의 낯선 사람들이 공통의 관심사를 가지고 커뮤니티를 형성하는 시대가 열린 것이다. 그리고 이를 바탕으로 시대적 요구를 반영한 재테크, 자기계발 동호회들이 다수 개설되었다. 이러한 인터넷 동호회가 주도하는 자기계발 세미나는 동호회원들의 정보충족 욕구를 만족시켜줬을 뿐 아니라 그를 기반으로 해서 회원들이 책의 저자나 강사로 발전하는 경우도 나타났다.

전체적으로 미국식 자기계발 문화로 옮겨가고 있으나 기본적인 시장 규모의 차이로 인해 전문적인 강사군의 확대와 다양한 프로그램의 개발은 아직도 부족한 편이다. 자기계발 붐을 타고 떠오른 몇몇 스타 강사들은 존재하지만, 거의가 단편적인 특강을 위주로 하고 있으며 독자적으로 만든 정규 프로그램을 가진 컨설팅 회사나 개인은 많지 않은 편이다. 하지만 현재의 자기계발 붐은 일시적인 현상으로 끝나는 것이 아니라 21세기 한국인들에게도 하나의 보편적인 경향으로 자리잡을 것으로 보인다.

성공학의 역사

펴낸날	초판 1쇄 2004년 3월 15일
	초판 3쇄 2013년 10월 25일

지은이	정해윤
펴낸이	심만수
펴낸곳	(주)살림출판사
출판등록	1989년 11월 1일 제9-210호

주소	경기도 파주시 문발동 522-1
전화	031-955-1350　팩스 031-624-1356
기획 · 편집	031-955-4662
홈페이지	http://www.sallimbooks.com
이메일	book@sallimbooks.com

ISBN	978-89-522-0204-8　04080

122 모든 것을 고객중심으로 바꿔라 `eBook`

안상헌(국민연금관리공단 CS Leader)

고객중심의 서비스전략을 일상의 모든 부분에 적용해야 한다는 가르침을 주는 책. 나 이외의 모든 사람을 고객으로 보고 서비스가 살아야 우리도 산다는 평범한 진리의 힘을 느끼게 해 준다. 피뢰침의 원칙, 책임공감의 원칙, 감정통제의 원칙, 언어절제의 원칙, 역지사지의 원칙이 사람을 상대하는 5가지 기본 원칙으로 제시된다.

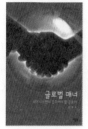

233 글로벌 매너

박한표(대전와인아카데미 원장)

매너는 에티켓과는 다르다. 에티켓이 인간관계를 원활하게 해주는 사회적 불문율로서의 규칙이라면, 매너는 일상생활 속에 에티켓을 적용하는 방식을 말한다. 삶을 잘 사는 방법인 매너의 의미를 설명하고, 글로벌 시대에 우리가 기본적으로 갖추어야 할 국제매너를 구체적으로 소개한 책. 삶의 예술이자 경쟁력인 매너의 핵심 내용을 소개한다.

350 스티브 잡스 `eBook`

김상훈(동아일보 기자)

스티브 잡스는 시기심과 자기과시, 성공에의 욕망으로 똘똘 뭉친 불완전한 사람이었다. 하지만 동시에 강철 같은 의지로 자신의 불완전함을 극복하고 사회에 가치 있는 일을 하고자 노력했던 위대한 정신의 소유자이기도 하다. 이 책은 스티브 잡스의 삶을 통해 불완전한 우리 자신에 내재된 위대한 본성을 찾아내고자 한다.

352 워렌 버핏 `eBook`

이민주(한국투자연구소 버핏연구소 소장)

'오마하의 현인'이라고 불리는 워렌 버핏. 그는 일찌감치 자신의 투자 기준을 마련한 후, 금융 일번지 월스트리트가 아닌 자신의 고향 오마하로 와서 본격적인 투자사업을 시작한다. 그의 성공은 성공하는 투자의 출발점은 결국 자기 자신이라는 점을 보여 준다. 워렌 버핏의 삶을 통해 세계 최고의 부자는 어떻게 만들어지는가를 살펴보자.

145 패션과 명품 `eBook`

이재진(패션 칼럼니스트)

패션 산업과 명품에 대한 이해를 돕는 책. 샤넬, 크리스찬 디올, 아르마니, 베르사체, 버버리, 휴고보스 등 브랜드의 탄생 배경과 명품으로 불리는 까닭을 알려 준다. 이 밖에도 이 책은 사람들이 명품을 찾는 심리는 무엇인지, 유명 브랜드들이 어떤 컨셉과 마케팅 전략을 취하는지 등을 살펴본다.

434 치즈 이야기 `eBook`

박승용(천안연암대 축산계열 교수)

우리 식문화 속에 다채롭게 자리 잡고 있는 치즈를 여러 각도에서 살펴 본 작은 '치즈 사전'이다. 치즈를 고르고 먹는 데 필요한 아기자기한 상식에서부터 나라별 대표 치즈 소개, 치즈에 대한 오해와 진실, 와인에 어울리는 치즈 선별법까지, 치즈를 이해하는 데 필요한 지식과 정보가 골고루 녹아들었다.

435 면 이야기 `eBook`

김한송(요리사)

면(국수)은 세계 각국으로 퍼져 나가면서 제각기 다른 형태로 조리법이 바뀌고 각 지역 특유의 색깔이 결합하면서 독특한 문화 형태로 발전했다. 칼국수를 사랑한 대통령에서부터 파스타의 기하학까지, 크고 작은 에피소드에 귀 기울이는 동안 독자들은 면의 또 다른 매력을 발견할 수 있을 것이다.

436 막걸리 이야기 `eBook`

정은숙(기행작가)

우리 땅 곳곳의 유명 막걸리 양조장과 대폿집을 순례하며 그곳의 풍경과 냄새, 무엇보다 막걸리를 만들고 내오는 이들의 정(情)을 담아내기 위해 애쓴 흔적이 역력하다. 효모 연구가의 단단한 손끝에서 만들어지는 막걸리에서부터 대통령이 애호했던 막걸리, 지역 토박이 부부가 휘휘 저어 건네는 순박한 막걸리까지, 또 여기에 막걸리 제조법과 변천사, 대폿집의 역사까지 아우르고 있다.

253 프랑스 미식 기행　`eBook`

심순철(식품영양학과 강사)

프랑스의 각 지방 음식을 소개하면서 거기에 얽힌 역사적인 사실과 문화적인 배경을 재미있게 소개하고 있다. 누가 읽어도 프랑스 음식문화에 대해 어느 정도 이해할 수 있도록 복잡하지 않게, 이야기하듯 쓰인 것이 장점이다. 프랑스로 미식 여행을 떠나고자 하는 이에게 맛과 멋과 향이 어우러진 프랑스의 역사와 문화를 소개하는 책.

132 색의 유혹 색채심리와 컬러 마케팅　`eBook`

오수연(한국마케팅연구원 연구원)

색이 인간에게 미치는 영향과 이를 이용한 컬러 마케팅이 어떤 기법으로 발전했는가를 보여 준다. 색은 생리적 또는 심리적 면에서 사람들에게 많은 영향을 미친다. 컬러가 제품을 파는 시대'의 마케팅에서 주로 사용되는 6가지 대표색을 중심으로 컬러의 트렌드를 읽어 색이 가지는 이미지의 변화를 소개한다.

447 브랜드를 알면 자동차가 보인다

김홍식("오토헤럴드, 편집장)

세계의 자동차 브랜드가 그 가치를 지니기까지의 역사, 그리고 이를 위해 땀 흘린 장인들에 관한 이야기. 무명의 자동차 레이서가 세계 최고의 자동차 브랜드를 일궈내고, 어머니를 향한 아들의 효심이 최강의 경쟁력을 자랑하는 자동차 브랜드로 이어지기까지의 짧지 않은 역사가 우리 눈에 익숙한 엠블럼과 함께 명쾌하게 정리됐다.

449 알고 쓰는 화장품　`eBook`

구희연(3020안티에이징연구소 이사)

화장품을 고르는 당신의 기준은 무엇인가? 우리는 음식을 고르듯 화장품 선택에 꼼꼼한 편인가? 이 책은 화장품 성분을 파악하는 법부터 화장품의 궁합까지 단순한 화장품 선별 가이드로써의 역할이 아니라 궁극적으로 당신의 '아름답고 건강한 피부'를 만들기 위한 지침서다.

표시가 되어있는 도서는 전자책으로 구매가 가능합니다.

㈜살림출판사

www.sallimbooks.com

주소 경기도 파주시 문발동 522-1 | 전화 031-955-1350 | 팩스 031-955-1355